U0015015

四萬十食堂

安倍夜郎
左古文男 著
丁世佳 譯

前言

歡迎來到四萬十食堂

左古文男

本書的構想是之前看TBS電視台深夜時段播放的連續劇《深夜食堂》時想到的。《深夜食堂》是安倍夜郎老師在小學館《BIG COMIC ORIGINAL》上大受好評的連載漫畫作品，曾經五度被改編成電視劇。

我在二〇〇九年年底偶爾看到電視劇，有點失禮，但在那之前我並不認識安倍夜郎老師，也沒聽過《深夜食堂》這部作品。然而，該說是奇妙的緣分吧。看到電視劇的大約一個月之前，我從位於高知市的「橫山隆一漫畫紀念館」的員工那裡聽說了安倍老師的事情。

話說從頭，我出生於高知縣中村市（現在的四萬十市中村），在那裡一直住到國中畢業。之後當了很久的漫畫家，轉為小說家之前，一直在青年漫畫雜誌上發表作品。當時的部分漫畫原稿收藏在橫山隆一漫畫紀念館，所以我回高知老家的時候，有時間就去造訪。

當天我為拙作《坂本龍馬的脫藩之路》取材前往高知市。拙作內容是介紹當年坂本龍馬為了建立新日本而奔走的維新之路以及土佐的飲食文化。我跟美術館那位女性員工大略說明了一下。她說：「安倍夜郎老師好像對幡多的飲食文化很有研究呢。」我就這麼聽說了安倍夜郎老師的事。幡多地方就是高知縣西南部的四萬十市、宿毛市、土佐清水市、黑潮町、大月町、三原村等區域，也就是本書介紹的地區。「安倍老師和左古老師您一樣老家在中村市，又都是漫畫家，年紀也相近，您不認識嗎？」員工這麼問我，然而我想不起自己認識這樣的人物，話題就沒有繼續下去（後來我發現安倍老師是我在中村國小和國中的學弟）。

回到東京一個月後，某個深夜，我寫稿疲倦之餘，拿著一杯兌水燒酒打開電視，碰巧看到《深夜食堂》正在播放。那一集的主角是出身高知縣的前偶像風見倫子，隨著夜風偶然進入深夜食堂，點了「調味醬炒麵，加一個荷包蛋」。這道菜包含了她感傷的回憶，觀眾無不動容流淚（原作收錄於《深夜食堂》第二集第二十五夜）。

我被深深地感動了，於是去書店購買原作。我問店員：「有《四萬十食堂》嗎？」店員困惑地說：「《四萬十食堂》……嗎？」接著靈機一動：「啊，是《深夜食堂》吧。」說著就帶我走到陳列在書架上的《深夜食堂》前面，她說：「在這裡。但是《四萬十食堂》聽起來也很吸引人呢。」然後微笑著轉身離開。「炒麵撒上四萬十川的青海苔，非常好吃喔。下次那位小姐來的時候，替她加一點吧。」這是電視劇裡風見倫子父親的關鍵台詞。我記得這句台詞，所以脫口說出了「四萬十食堂」，那時沒想過竟然能跟安倍老師合撰本書。

第一次見到安倍老師是二〇一二年夏末，橫山隆一漫畫紀念館的那位員工來東京的時候。我們三人一起在安倍老師熟識的新宿黃金街上小酒吧喝酒，那裡的料理非常好吃，我們聊得很開心，忘情聊到深夜。我跟安倍老師約好很快再聚，然而下次見面是將近一年後，二〇一三年的夏天。那天晚上我們第一次討論了本書的構想。

一年未見，自然是因為安倍老師諸事繁忙，而這一年間我的親友相繼去世，我也無暇他顧。也就是在這時，我起了念頭想把家鄉的飲食文化記錄下來，多少是受到我父親往生的影響。

我接獲父親病危的消息，趕往四萬十市民醫院，癌症末期的父親靠著點滴勉強維持生命。我看著他，心中忽然對「能吃飯才是活著」這個理所當然的道理深有所感。我束手無策，只能守在父親身邊，忽然想起之前看的電視劇《深夜食堂》。戲中風見倫子與捨棄了她的父親的故事情景，和我跟父親一起吃東西的回憶重疊了。

來到東京後，我回家鄉的次數屈指可數，在此之前也沒有特別思考過家鄉的味道。仔細想來，幡多地方有山有海又有河川，美食材料相當豐富，我母親每天使用這些材料做菜給父親吃，我深深覺得父親一定非常幸福。伴隨著湧現的回憶，我突然明白了《深夜食堂》裡為何都是各種大眾料理，以此為背景發展出溫馨故事。

幡多地方除了以稻草燻製的炙燒鰹魚、四萬十川的鹽烤香魚之外，還有很多美味的食物。雖然不是展露華麗細緻的烹飪技術或者精心庖製的高級料理，但是都營養豐富，能體現食材的原味。我和安倍老師討論，想要寫一本幡多的飲食文化和地方菜色的書，安倍老師非常爽快地說：「發揚家鄉文化的話，我一定幫忙。」於是本書誕生了。

我取材的地點除了熱愛家鄉的安倍老師提供的資料之外，還獲得幡多地方發行的免費季刊《HATAMO～RA》編輯部的多方助力。本書不僅是《深夜食堂》的延伸書，更充滿一般大眾媒體沒有的珍貴資料。我希望讀者在閱讀本書時也能體驗幡多地方的家鄉味，因此附上了訂購資訊。如果覺得這樣還不夠，就請隨興所至地到幡多地方一遊吧，一定可以找到您中意的「四萬十食堂」。

四萬十食堂　菜單

我的四萬十食堂

安倍夜郎

大學時代，從東京搭新幹線
再轉乘電車、渡輪和巴士回家，
要花11個半小時。
現在可以直接搭飛機到高知，
但從機場到車站搭巴士也要35分鐘，
然後又要轉乘將近2小時的巴士
才能到。

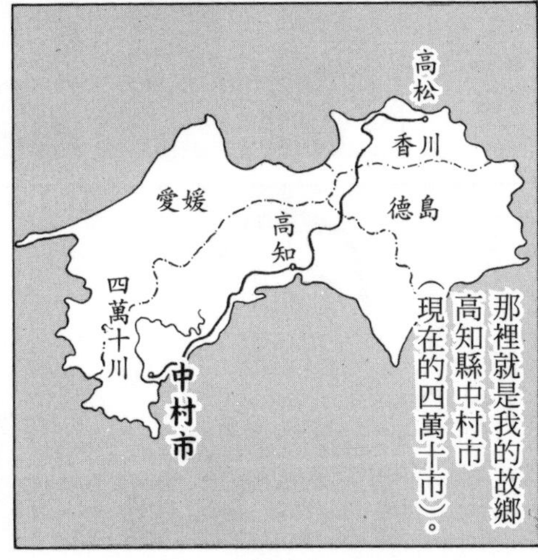

歡迎回來

星☆安倍夜郎老師

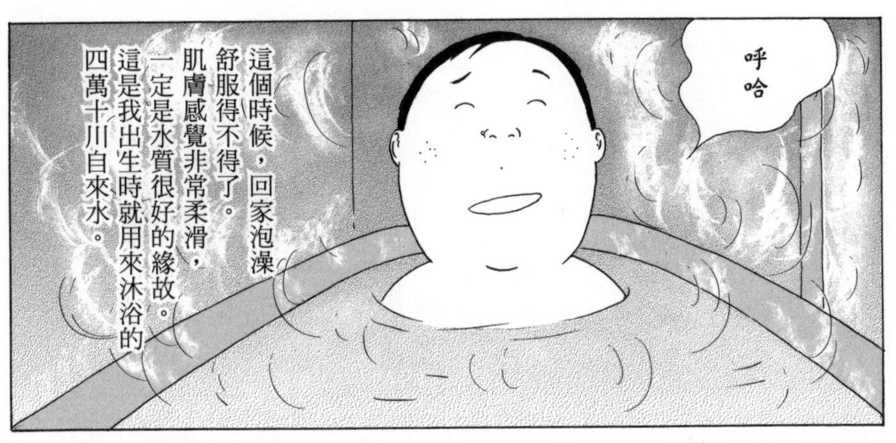
呼哈
這個時候，回家泡澡
舒服得不得了。
肌膚感覺非常柔滑，
一定是水質很好的緣故。
這是我出生時就用來沐浴的
四萬十川自來水。

小時候
我的頭髮都是
父親理的。
喀嚓
喀嚓
其實說穿了
是父親手癢想剪頭髮，
於是給我零用錢
讓他替我剪。

我穿著內褲
坐在院子裡的凳子上，
圍著塑膠布，
讓同樣只穿內褲的父親替我剪頭髮

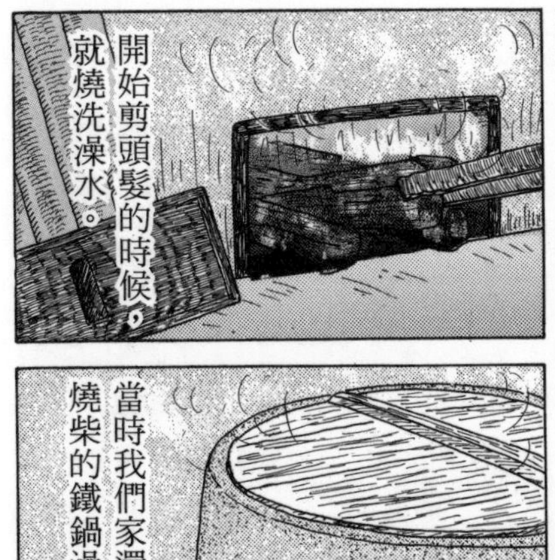
開始剪頭髮的時候，
就燒洗澡水。
當時我們家還是使用
燒柴的鐵鍋澡盆。

剪完頭髮後，就直接去浴室沖洗，然後泡進澡盆。
刷ー

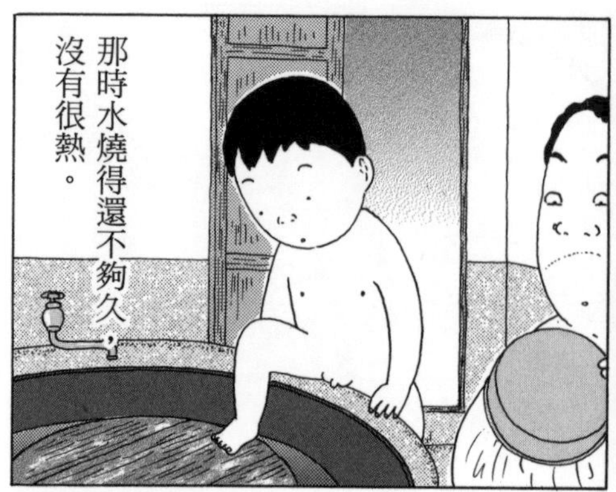
那時水燒得還不夠久，沒有很熱。

我和父親泡在澡盆裡，感受水漸漸變熱，非常舒服，簡直是奢侈的享受。

洗完澡就吃晚飯。
吃飯啦。

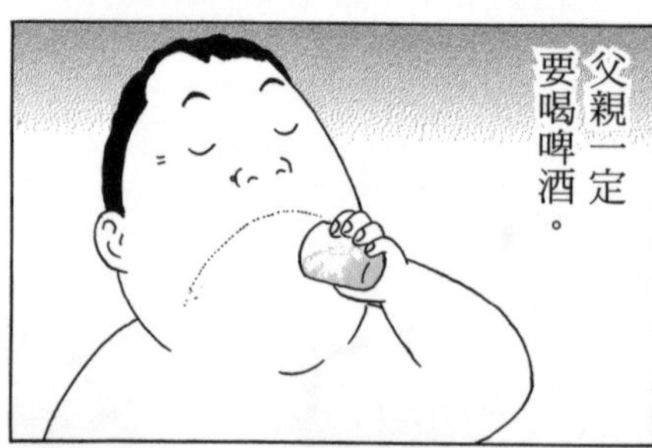
父親一定要喝啤酒。

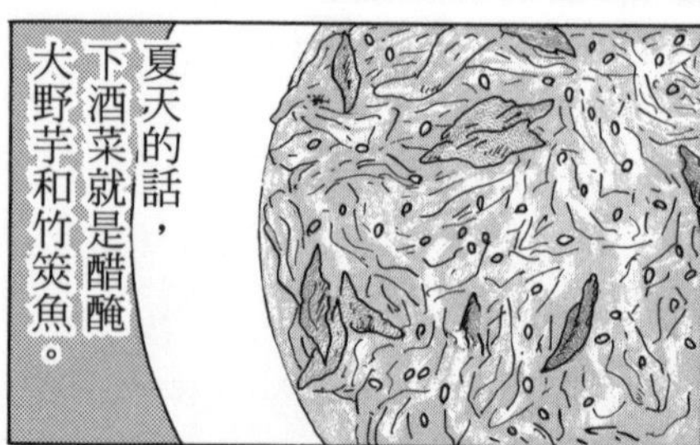
夏天的話，下酒菜就是醋醃大野芋和竹筴魚。

隨著季節不同，
還有在四萬十川捕獲的
鹽烤香魚等也都會上桌。

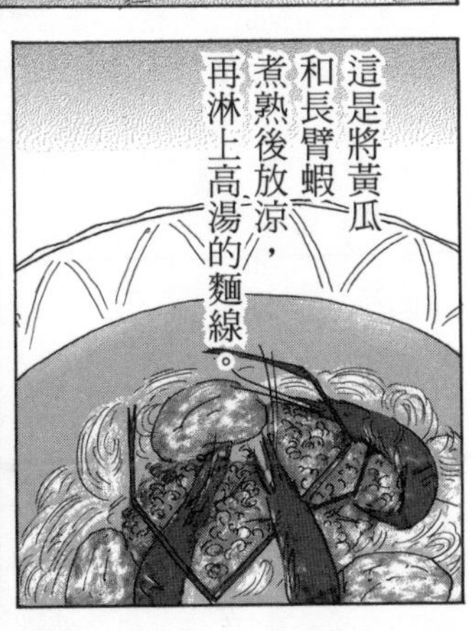
這是將黃瓜
和長臂蝦
煮熟後放涼，
再淋上高湯的麵線。

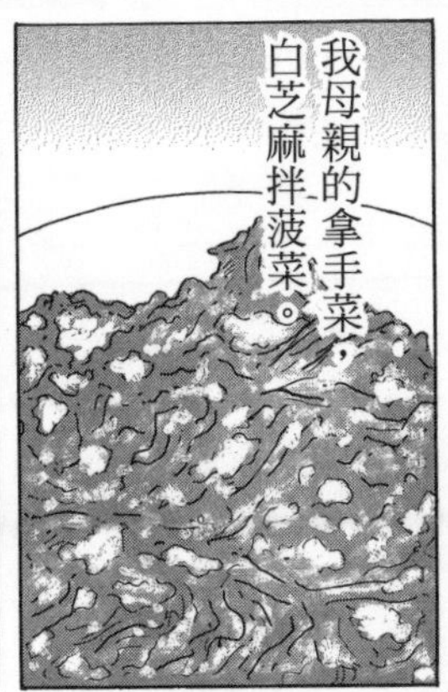
我母親的拿手菜，
白芝麻拌菠菜。

水煮宗田鰹魚
淋上醬油，
非常下飯。

媽媽，
再給我
一碗飯。
好，
番茄也要
吃完喔。
我和爸媽跟妹妹
總是四個人一起吃晚飯。

父親去世，妹妹和女兒則住在高知市。
叮

我開動了。
好。

水煮土川七
青海苔天婦羅
炸丁香魚
鰹魚生魚片
蜆湯
杜父魚佃煮

嗯，就是這個。
這就是我的四萬十食堂。
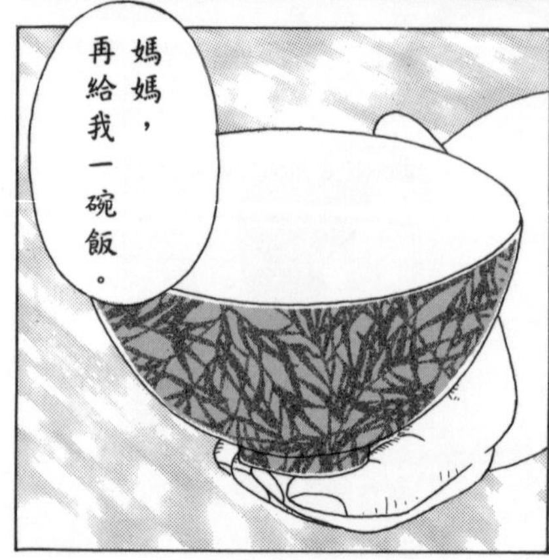
媽媽，再給我一碗飯。

四萬十食堂的
食材圖鑑

黑潮町

四萬十市

宿毛市

三原村

大月町

土佐清水市

四萬十川的恩賜

四萬十川發源於高知縣和愛媛縣交界處的津野町不入山山腰，經過四萬十町緩緩南下，蜿蜒流經土佐大正、土佐昭和等地，然後向西流。河流在四萬十市西土佐再度往南，匯聚眾多支流成為大河，倒映著藍天白雲與重重青山，在四萬十市下田滔滔注入土佐灣。

四萬十川的主要河道長達一百九十四公里，是四國最大的河川，以全日本來說屬於中型河流，並以「日本最後的清流」之名享譽全國。這個稱號來自於昭和五十八（一九八三）年的ＮＨＫ特集《土佐・四萬十川～清流、魚與人～》，節目介紹後，前來欣賞清澈大河的全國觀光客絡繹不絕。昭和六十（一九八五）年環境廳將其選入「名川百選」，平成二十（二〇〇八）年，支流黑尊川被環境省選為「平成之名川百選」。接著平成二十一（二〇〇九）年，梯田、沉下橋和傳統捕漁法等保留了與自然山川共生歷史的四萬十流域特有景觀，成為國家認定的重要文化財。

從過去流往未來的四萬十川不僅反映出流域居民的生活，更孕育豐富的生命。香魚、鰻魚、暗縞鰕虎魚等重要的魚類水產資源有一百九十九種（截至二〇〇九年底），是全國之最。夏天日本真鱸和烏魚等海水魚會從河口逆流而上七十公里，因為從河口上溯一百公里的標高差僅兩百公尺，坡度平緩河水溫暖，跟海水的溫度相差不大。下游淡水和海水交匯的微鹹水域棲息著號稱四萬十川之王的大型魚類日本尖吻鱸，而從河口上溯至六公里左右的地區生產了日本百分之九十的青海苔。

鰻

鰻魚

與香魚齊名並代表四萬十川的鰻魚，從初夏到秋天，可以用「延繩捕魚」或「捕鰻筒」等傳統捕漁法捕獲。鰻魚活殺，裹上鹹甜醬汁做成蒲燒最美味。活殺的方式在關東因為武士文化忌諱切腹，所以從背脊剖開；關西坦率直白的商業文化則是從腹部剖開。位於西日本的四國比較常見從腹部剖開的方式。

烹調鰻魚的方式關東和關西也不一樣。關東不加調味，先蒸熟再刷上醬汁，口感軟嫩；關西則不蒸熟，直接刷上醬汁燒烤，皮脆而肉質富有彈性。烤得剛好的蒲燒鰻色香味俱佳，醬汁不會太濃也不會太淡，讓人一口接著一口停不下來。每間店的醬汁味道不太一樣，但跟關東比起來，關西的醬汁較為清爽，可以品嚐到鰻魚本身的美味。

杜父魚

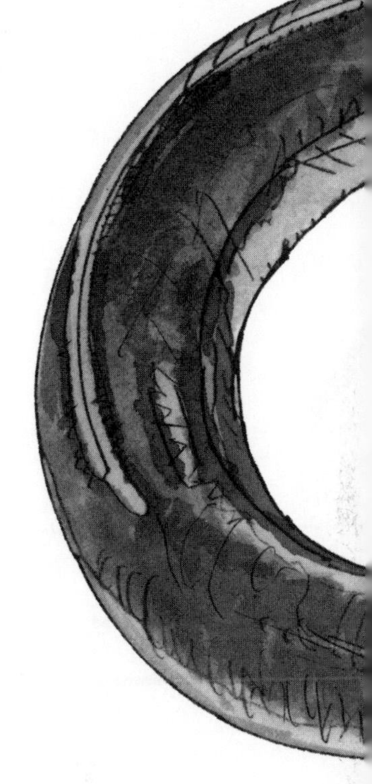

四萬十流域的杜父魚是象徵春天到來的珍貴魚類。這裡的杜父魚，指的是蝦虎魚中暗縞蝦虎或短棘蝦虎幼魚的俗稱（註：與臺灣的杜父魚不同），用來佃煮、炒蛋、做天婦羅或味噌湯等都非常好用。

四萬十川的杜父魚捕獲期是三月到五月中旬，以蜆殼串在繩子上，在河底拖曳，將魚群趕到事先設置好的四手網中，這種傳統捕漁法叫做「牽罟」。在退潮後及漲潮前進行，捕獲的杜父魚幾乎都在當地販售。料理方式一般是和蘿蔔乾一起炒蛋或佃煮，豐富的風味和軟嫩的口感很適合配飯下酒。特別是用活魚做的佃煮更是一絕，醬汁也無法掩蓋杜父魚原本的鮮美。拿來油炸或是做成炊飯一樣好吃。

香魚

「香魚」正如其名，初夏的香魚帶著類似西瓜的獨特香味，晚夏的香魚則有魚卵可吃。香魚的味道會隨著牠所吃的食物改變，因此不同河流中的香魚味道也不一樣。在混濁的河川中長大的香魚腸胃裡泥沙多，會有土腥味；而四萬十川的香魚幾乎沒有土腥味，可以從生魚薄片品嚐到清流的滋味。

雖然生吃好，但香魚還是鹽烤最佳。用強火隔著一段距離鹽烤非常好吃，加上蓼醋提味更佳。此外，以香魚的內臟醃漬做成的「潤香」也美味，在四萬十流域一直是下酒的好菜，也很下飯。四萬十流域出產的潤香大致分為三種：原料只有內臟的「苦潤香」，以在初秋捕獲的香魚卵巢和精巢為原料的「真子潤香」，還有奢侈地用魚肉做的「碎肉潤香」。

津蟹

在四萬十流域被稱為津蟹的絨螯蟹是著名的高級食材，跟上海大閘蟹品種近似，在日本各地普遍被食用。漁獲季節通常是秋天到冬天，螃蟹會為了產卵沿河川而下，一般以籠子或在河中堆石頭的攔截捕漁法捕捉，也有民宿和餐廳在夏天時於中上游流域圈養螃蟹。四萬十川的津蟹滋味濃郁，蟹腳肉好吃，蟹殼裡的肉更是絕品，跟海產蟹不同的甘甜會讓人上癮。

料理方式可以用鹽水煮、做津蟹味噌湯等等。津蟹味噌湯的做法是將活津蟹用石杵搗爛，仔細過濾後用小火煮熟，和事先煮好的麵線、黃瓜、茄子等一起食用。搗爛的蟹泥加入味噌、米糠、麵包粉和鹽，用烤箱烤成令人無法抵擋的下酒菜「蟹味噌」。

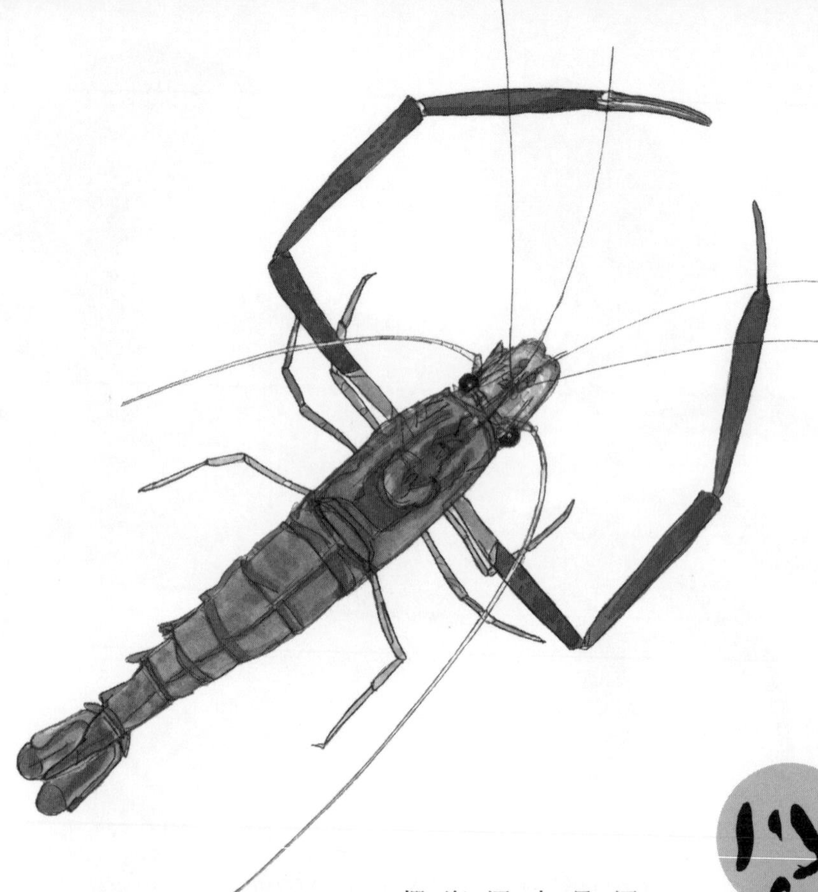

川えび

河蝦

四萬十川的主要蝦類是淡水長臂大蝦、大河沼蝦和長臂蝦三種。淡水長臂大蝦和大河沼蝦是兩側洄游種，長臂蝦則分為棲息於河川靜水水域和微鹹水域兩種。四萬十川的河蝦是大河沼蝦，體長約九公分，肉質鮮美富彈性，堪與海蝦媲美。整隻河蝦直接燒烤或鹽烤，蝦螯和蝦腳香脆，蝦肉彈牙，搭配啤酒最合適。

河蝦一年四季都能捕獲，自古就用一種叫做「樹枝網捕」的方式，將大約二十根帶著葉子的細樹枝捆在一起，沉入河底放上幾天，蝦子就會聚集過來，這時就可以撈起來了。河蝦類的收穫量年間高達約三十萬噸，僅次於鰻魚和海藻類，是非常重要的水產。

青海苔

在四萬十川的河口附近可以採集到石蓴和青海苔兩種海藻。石蓴富有香氣，主要用來做海苔佃煮的原料；青海苔則只能生長在微鹹水域陽光普照的清澈河底，是四萬十川最著名的水產，味道和香氣都十分出色，是最高級的食材。

十二月下旬到三月上旬可以採集青海苔，用手仔細地撿出碎石和木屑等雜質後，在河岸拉起繩子曝曬大概六小時。這個乾燥過程非常重要，南國的太陽與上游吹下的寒風會加深海苔的香氣和滋味。青海苔直接吃就很美味，也可以稍微烤一下，或是用平底鍋略煎，更能引出香氣。把烤過的海苔揉碎，撒在炒麵或是御好燒、白飯上，香氣四溢更添美味。

土佐灣的恩賜

土佐灣周邊有黑潮流經，可以捕獲各式各樣的海產。其中鰹魚是土佐料理的代表，高知縣民的消費量是全日本平均值的五六倍，穩居第一。但是高知縣民為什麼吃這麼多鰹魚呢？答案很簡單，因為在土佐灣近海捕獲的鰹魚非常美味，每天吃也不會膩。就連不喜歡鰹魚的外地人，也有很多對高知的鰹魚愛不釋手。還有一說是只要吃過高知的鰹魚，其他地方的鰹魚就無法入口了。

那麼，高知的鰹魚為什麼這麼好吃呢？原因在於鰹魚的生態，牠們游經土佐灣的時期正好是最美味的時期。鰹魚是成群移動的熱帶洄游魚類，以沙丁魚為食，隨黑潮逐沙丁魚北上。土佐灣是鰹魚洄游的必經路徑，三月開始出現，可以從四月初捕獲到六月，這叫做「初鰹」。之後，再逐食北上到北海道，九月初海水溫度開始下降就回頭，十一月再度回到土佐灣，這個時期捕獲的鰹魚叫做「回歸鰹」。此外，高知的鰹魚是採用一本釣法（用一根釣魚線和一個魚鉤），不像用漁網捕獲那樣會傷害魚體又降低鮮度，因此鰹魚的狀態永遠最新鮮。

土佐灣的海岸線東西綿延七百公里，東西部地理環境不同。西部海域是有廣大大陸棚的淺海，東部海域則在靠近陸地的地方就有深海溝。位於高知縣西南的幡多地方海域是淺海，可以捕獲其他縣市少見的甲殼類和貝類，一一羅列在海產店裡，其中體型奇特的團扇蝦蛄和旭蟹在幡多是廣受歡迎的食材，非常吸引人。

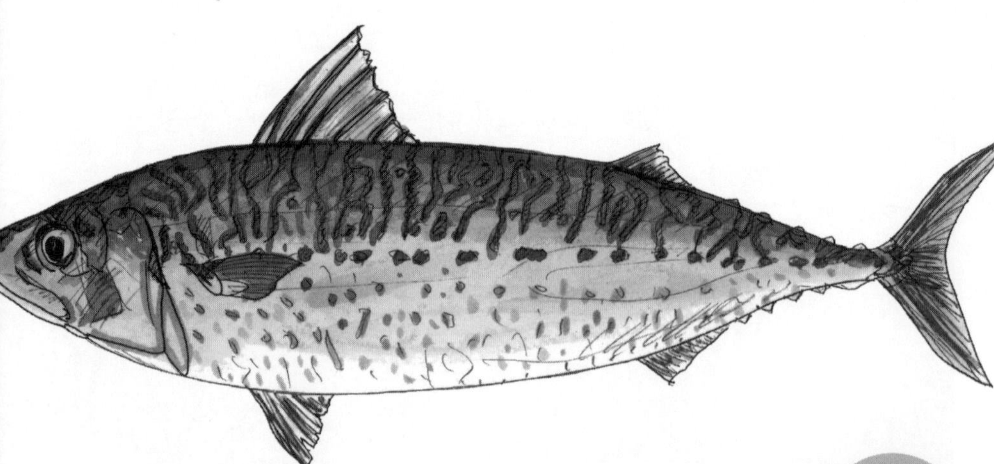

清水さば

清水鯖魚

與幡多地方美味鰹魚不相上下的「清水鯖魚」是餐廳和宴席上的知名菜肴。清水鯖魚是棲息於海潮湍急的足摺岬口大陸棚區域的花腹鯖，雖然都是鯖魚，但這裡的鯖魚品質特別好。捕魚的方式也很獨特，在鯖魚棲息地將釣線垂直沉入水中一百五十公尺左右，上面橫向設置幾十個釣鉤，這叫做「立繩捕魚法」，將魚一條一條單獨釣上來。釣到鯖魚後，不觸及魚身，小心地將魚鉤取下，把魚放進漁船上的冷卻水槽，活著運回漁業協會。

料理方式生吃好，煮熟也好，燒烤也行，生魚片、炙燒鰹魚、鯖姿壽司等是常見的食用方式。將鯖姿壽司切開燒烤，做成烤鯖魚壽司，香氣四溢別有風味。這種美味一年四季都能享用，尤以秋天到冬天的清水鯖魚脂肪豐富，生魚片非常好吃。美味彈牙的生魚片，立刻能讓人體會到「這就是清水鯖魚啊！」。

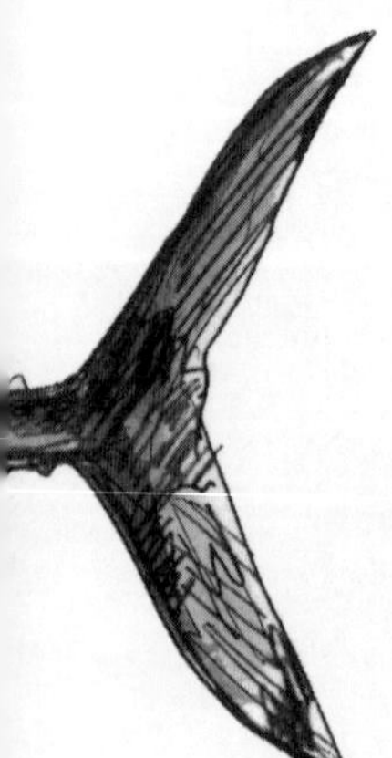

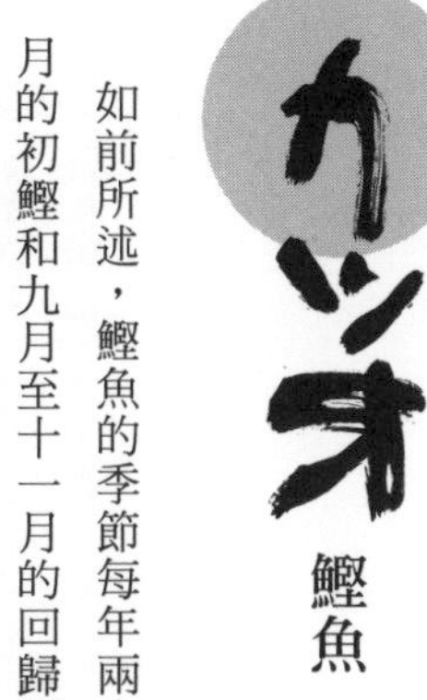

鰹魚

如前所述，鰹魚的季節每年兩次，三月至六月的初鰹和九月至十一月的回歸鰹。初鰹是沒有油脂的紅肉，香味醇厚味道清爽，可以連皮生吃；而吃飽洄游的回歸鰹充滿脂肪，味道醇厚，生吃好，炙燒也好。

鰹魚是沒有廢棄部位的魚類。頭切下來，割開腹部取出內臟，軀體部分則分為背部和腹部各兩塊，總共四塊。背部兩塊做成生魚片或炙燒，腹肉用鹽烤格外有滋味。心臟被稱為chichiko，生吃有嚼勁，口感獨特，跟生薑一起煮也非常好吃。此外，用鹽醃漬的內臟有「酒盜」之稱，是下酒佳肴。頭部、魚鰓、魚骨等剩餘部位也能用來熬高湯。

鰹魚的代表料理是炙燒鰹魚，但在高知也用來燉煮、燒烤，做可樂餅、鰹魚漢堡、茶泡飯等等，花費心思做出各種不同的料理。

團扇蝦蛄

團扇蝦蛄體長約十五公分，體型正如其名，扁平猶如團扇。蝦蛄棲息在淺海的沙泥底，用拖網撈捕，一般的魚店和超市都有賣。此外，生活在岩礁和珊瑚礁的類似品種日本岩礁扇蝦和拖鞋龍蝦也很多。

幡多這裡的蝦蛄可以生吃或鹽烤、用鹽水煮、燉煮等等。蝦肉富彈性，甘甜鮮美，新鮮的可以做成生魚片。雖然肉的份量不及伊勢龍蝦多，但有人說比伊勢龍蝦更美味，價格也比較便宜，終年販售，冬天產的特別好吃。

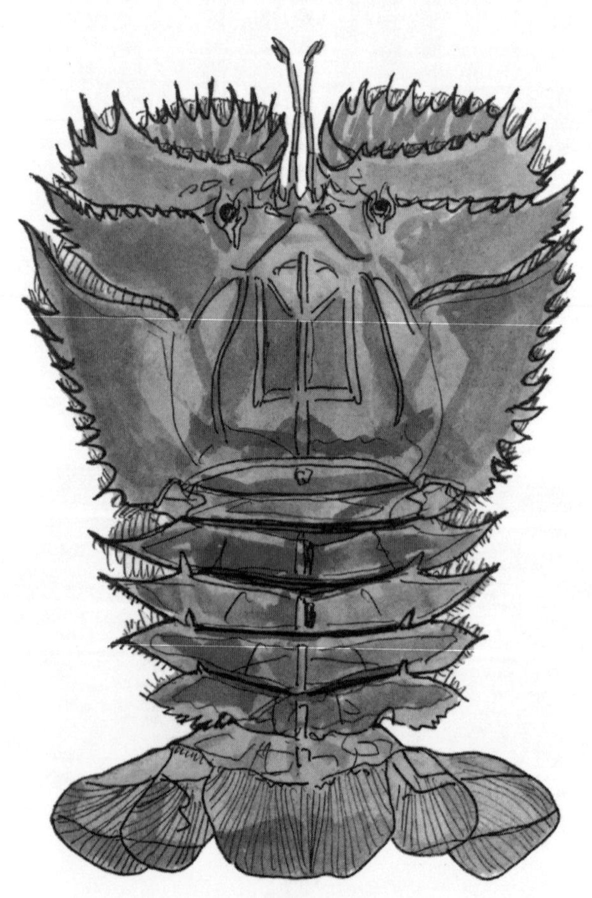

アサヒガニ 旭蟹

旭蟹生長於淺海的沙泥地，用水底拖網的方式捕獲。蟹類加熱會變紅，但旭蟹這個品種活著的時候就是橘紅色，蟹殼呈圓形，看起來像是升起的朝陽，所以叫做旭蟹（朝日蟹）。

跟北方產的螃蟹相比，旭蟹的蟹腳肉沒有那麼多，但蟹身肉質緊實，蟹黃豐富，十分美味。料理方式可以蒸或煮，通常配上土佐醋（三杯醋加上柴魚高湯）或兩杯醋食用，切塊放進火鍋，或是下鍋油炸也好吃。除此之外，把煮熟的蟹肉取出來，可以用在義大利麵或涼拌，或是做成蟹肉丸，非常好運用。旭蟹是冬季的食材。

長太郎貝

長太郎貝是有著紅色、黃色與紫色等色彩繽紛外殼的雙殼貝，與帆立貝一樣是扇貝家族。比起外殼寬達十公分的帆立貝，長太郎貝體型較小，外型呈現相似的扇形。此外，雖然同為扇貝科，帆立貝棲息在寒冷海域的沙泥底，而長太郎貝的棲息地則是房總半島以南溫暖海域的岩礁。一般稱為「檜扇貝」，在高知之所以稱做長太郎貝是因為發現牠的漁夫叫做長太郎而命名。

春櫻盛開至初夏是產季，生吃或烤或煮都好吃，味道濃郁鮮甜更勝帆立貝，肝臟微苦。生吃時，除了中心主要的貝柱可以吃之外，外套膜部分也可以食用。

ちゃんばら貝

鬥劍貝（紅嬌鳳凰螺）

鬥劍貝在其他地區不常見，在高知的餐廳則每天都有供應，外型約五至六公分長，正式名稱叫做「籬貝」。在幡多除了稱之為「鬥劍貝」，還有個俗稱叫「對砍貝」。這個俗稱的由來有各種說法，最有力的說法是其鋸齒狀的腹足讓人聯想到鬥劍比武時的劍戟。

常見的料理方式是用鹽水燙或燉煮，吃的時候用牙籤插住螺肉向外拉，即可像紙捲一樣挑出肉來。螺肉稍有嚼勁，是最棒的下酒菜。

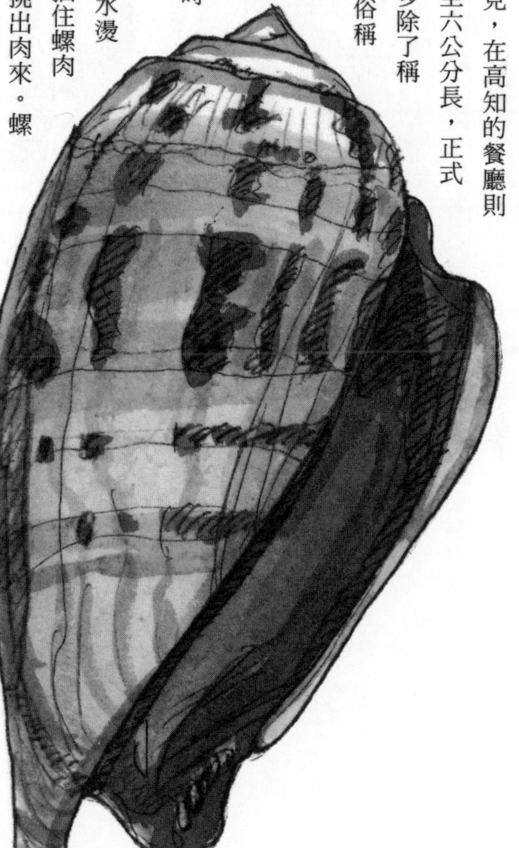

山珍・田味

由大海與山環抱的高知縣，不只有各式海鮮，也有豐富的山珍。因為氣候溫暖宜人，也是秋天上市的早場米的名產區。更因為溫室栽培技術興盛，高知縣是眾所皆知的園藝王國。蔬菜與水果等作物好吃與否，取決於陽光和土壤的肥沃度，而高知縣冬天的日照時間全國最長，因此生產出各式各樣的山珍。其中最有名的是茄子、文旦柚、糯米椒、薑、蘘荷、金桔等特產，產量高居全國第一。

四萬十市西土佐大宮位於四萬十川的支流目黑川流域，是海拔約一百五十公尺的台地，日夜溫差大。此地受惠於乾淨的水質和陽光，是高知縣內數一數二的稻米產地，圓胖的米茄子出貨量也是全日本第一。此外，緊鄰幡多郡的高岡郡四萬十町窪川的四萬十川源頭流域也是高知縣內的知名米鄉，養豬業興盛。水稻農家與養豬人家合力培育出的四萬十豬（窪川豬）肉質細緻，脂肪綿密優質，以厚實的里肌肉做成豬排或蓋飯都很好吃。從基本款的豬里肌蓋飯到各式富創意的蓋飯琳瑯滿目，大家不妨到四萬十町周邊的餐廳嚐嚐。

說到養殖業，全日本三十四個日本雞的品種中就有八個是高知縣原產，高知縣可說是土雞王國。近年來，由高知縣畜產試驗所培育出具有土佐地雞特徵的蛋肉兼用的「土佐次郎」，肉質美味出眾，是連外地人都知道的超人氣品種。此外，高知只有小部分地區是平原，大部分為山勢緊鄰海岸線的地形，這讓此地成為山蔬的寶庫。春天一到，山野中的植物開始抽枝發芽，這些營養滿分的山蔬自古以來被摘採煮成各種美味的菜肴。

土佐文旦

土佐文旦

文旦原本是一種產於東南亞的厚皮柑橘類水果，在江戶時代初期傳進日本。現在的西日本地區栽種了各種文旦，大約百分之九十來自高知縣。

收穫期為十二月底至一月上旬，剛採收的果實較硬，酸味強烈，通常以「野圍」催熟：在地上挖坑，將文旦放入，以稻草覆蓋密封一段時間熟成，再上市販售。二月至三月是文旦最好吃的時節，四月上旬之前都能吃到美味的文旦。時期不同，滋味也不同。二月上旬至中旬，剛出產的文旦甜中帶酸，清新宜人；二月下旬至三月中旬，盛產期的文旦酸甜適中，果粒飽滿富彈性；三月下旬至四月上旬，季末完熟期的文旦沒什麼酸味，甜度最高。

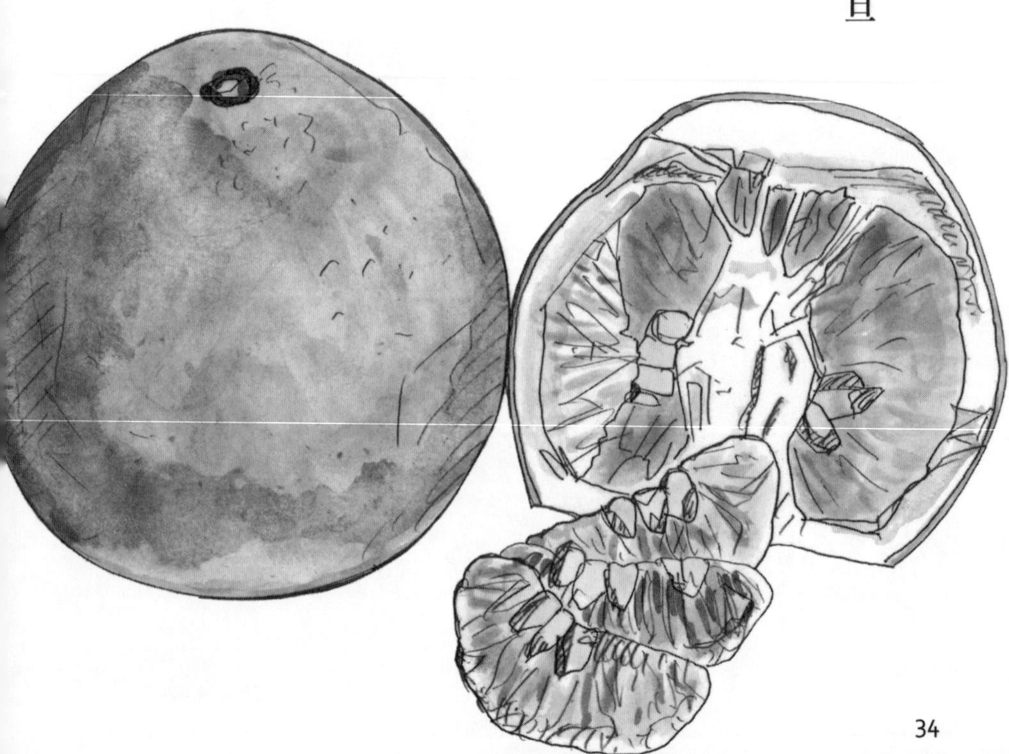

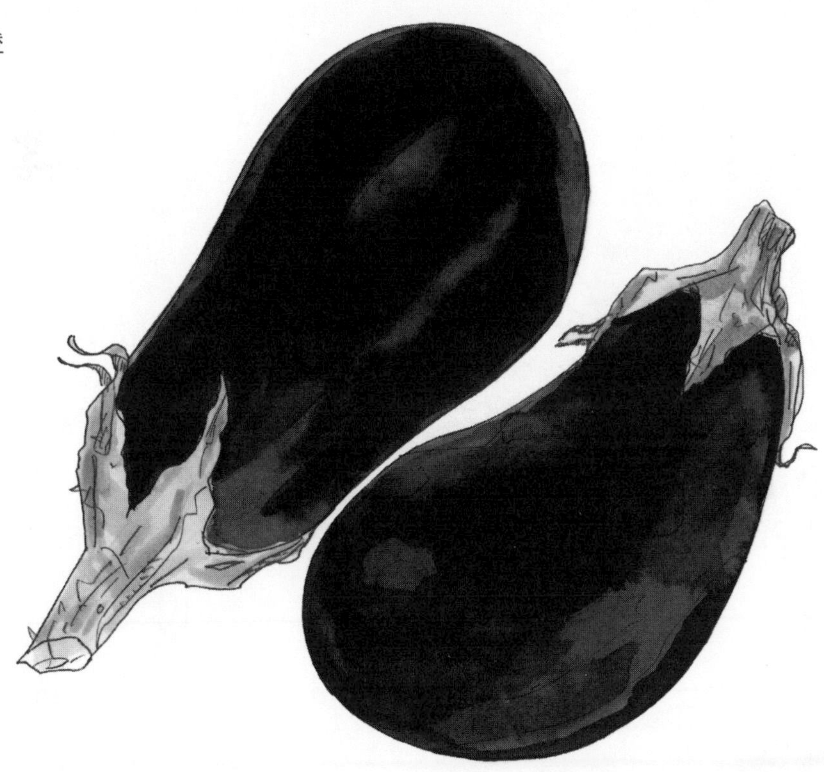

ナス
茄子

日本各地均栽種茄子，是很常見而普及的庶民蔬菜。雖然有例外，原則上北方的品種果實小，南方品種的果實長。主要是因為茄子是熱帶植物，寒冷地區的栽種期較短，果實不容易長大。

日文的茄子「なす」，其語源眾說紛紜，最令人信服的說法是茄子是「夏天的果實」（なすび）。在溫暖的高知地區，從中型的高知茄子「龍馬」到千兩茄子、長茄子、小茄子、米茄子……各式品種的茄子一整年皆能採收。最常見的料理方式有烤茄子、高湯煮茄子、味噌田樂燒，在高知以先炸過再蘸酸桔醋或其他佐料調味的「炙燒茄子」深受好評，既下酒又下飯，讓人食指大動。

米

米

四萬十流域主要的農產品是米（水稻）。位於河口的中村地區，其中流至四萬十川的中筋川流域一帶是中筋平原，水稻栽種尤其興盛。中山間地區則有一整片梯田，這裡仍採用將水稻紮成一束束倒掛的傳統曬穀法。西土佐地區受惠於四萬十川支流清澈的河水與此區獨有的氣候溫差，種植出香甜軟糯的「四萬十大宮米」與「山間米」等品種，炊煮過的米飯香氣十足，越嚼越甜。

此外，四周被群山環抱，位於海拔一百二十公尺台地的三原村，也同樣因日夜溫差大而種植出好米，出產的「三原米」聞名村外。

土佐ジロー

土佐次郎

「土佐次郎」這個品種是將高知縣當地原生的土佐土雞的公雞，與美國原生的羅德島紅雞的母雞配種而成。次郎（jiro）這個名字，取自土雞（jidori）的羅馬拼音「ji」與羅德島紅雞（Rhode Island Red）的「ro」，繼承了土佐土雞體格較小的特徵。肉質的體脂成分只有百分之二，彈性適中，散發濃郁的肉香。吃慣一般肉雞的人可能會覺得此品種肉質太硬，但其實越嚼越好吃，令人上癮。

料理方式以生吃、炙燒或炭火烤最為推薦。冬天當然就是雞肉火鍋，很搭日本酒，教人欲罷不能。此外，土佐次郎的蛋偏小，但營養價值高，味道濃厚，做成生蛋拌飯或加入鍋燒烏龍麵特別能吃出其自然的美味。

イタドリ

虎杖（土川七）

高知縣內百分之八十四的面積是山地，森林覆蓋率全國第一，可說是山林之縣。每逢出產豐富山蔬的春天，都能在各山頭看到摘採山蔬的人們。山蔬的種類繁多，有蕨菜、紫萁、楤芽、山芹菜等，在高知縣最廣為人知的野菜就是虎杖。

虎杖是蓼科多年生的草本植物，初春發新芽，夏天開出或白或紅的小花形成花序。一般食用的是春天的嫩莖，在其他地方幾乎不會拿來吃，但高知的超市就有販售。生吃有獨特的酸味，因為含有草酸，吃太多會影響鈣質的吸收。建議煮之前先去皮燙熟，在冷水中靜置一晚去酸味。將去酸味後的虎杖嫩莖切成四至五公分，與油豆腐皮一起炒，以砂糖、醬油、酒、味醂調味後，撒上柴魚片，就是一道很棒的下酒菜。

四萬十流域的美食

可以品味由四萬十新鮮食材烹製的菜肴的「小京都」

四萬十市位於四萬十川中游至下游地區，人口集中在發展多年的城下町※：中村。據說此地是由為了躲避應仁之亂的一條教房一手開創，包括棋盤式的街道規劃，保留了大文字山送火等京都的傳統習俗，因此這裡又被稱為「土佐的小京都」。

四萬十川清澈的河水悠然流過市中央，為了不影響水流，河上架設的都是沒有欄杆的沉下橋。整個流域維持使用傳統捕魚法，也蘊育出各式山珍。這些新鮮食材不少保存不易，或是產量稀少，只夠供應當地，是外地人無法嚐鮮的好味道。如果有機會走訪四萬十流域，一定要試試這些當地才有的菜色。中村市中心有五十多間餐廳，大多善用當地的天然食材做出深具在地特色的美食。

※日本的一種城鎮形式，以領主或大名居住的城堡為核心發展出來的城鎮。

享受四萬十川恩賜的河畔餐廳「四萬十屋」

四萬十屋
地址：高知縣四萬十市山路2494-1／電話：0880-36-2828／營業時間：早上九點～下午五點（一樓商店）、早上十點～下午四點（二樓餐廳）／休息日：跨年、元旦

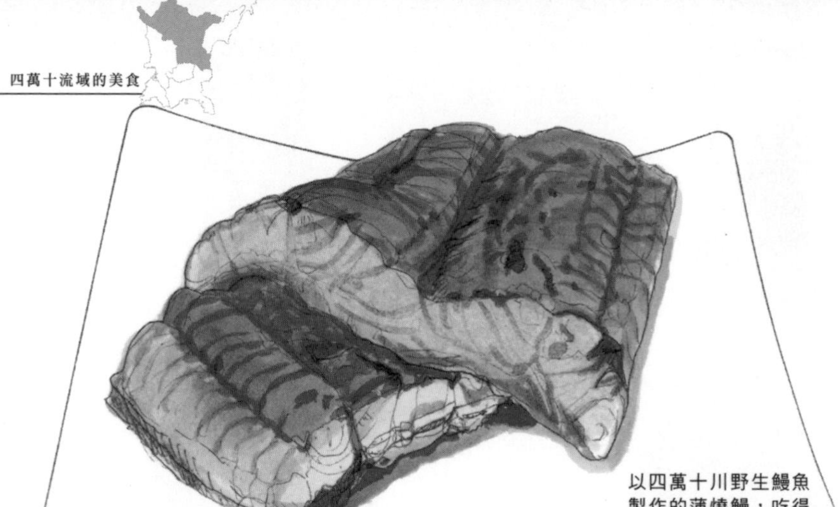

以四萬十川野生鰻魚製作的蒲燒鰻，吃得到鰻魚原有的鮮甜。

在「四萬十屋」這間餐廳，可以一邊欣賞清澈的四萬十川，一邊享用野生的河鮮烹製的菜肴。菜色有鹽烤香魚、炸河蝦、佃煮杜父魚、青海苔天婦羅等，都是用四萬十本地的食材烹製的絕品菜肴。其中廣受好評的是鰻魚料理。四萬十屋的蒲燒鰻，入口瞬間軟糯的口感伴著撲鼻的濃郁鮮香，這樣的味覺享受來自不經蒸製而是直接炭烤的烹調方式。在關東地區，會將烤過的鰻魚稍微蒸一下，去除多餘的油脂後，再刷上醬汁烤製。蒸過的鰻魚肉質鬆軟，味道變得清淡。然而，關西地區則省去蒸製的工夫，直接在炭火上烤。有人覺得直火燒烤後的鰻魚「油膩」、「吃起來像在嚼橡皮」，但這間餐廳的蒲燒鰻以炭火燒烤，脂香豐潤四溢，吃起來非常暢快。

「關東來的客人覺得好吃，因為喜歡吃起來的口感。」店裡的主廚佐田明生，同時也是會去河裡捕魚的漁夫。

美食家北大路魯山人曾提及，烤製鰻魚的方式有鄉下的直火燒烤跟東京的蒸烤，不用說，蒸烤略勝一籌。但是如果他吃過四萬十的烤鰻魚，或許會推翻自己的說法。烹製方式代表了每個地區的文化，蒸烤有蒸烤的好吃，直火燒烤也有直火燒烤的美味。

純米吟釀「四萬十之風」是入喉順口的辛口酒款，宛如拂過四萬十川的一股清風。

「藤娘　純米吟釀」是醇厚的辛口酒款，適合搭配魚肉或肉類料理。冰一下或溫飲皆宜，建議用餐時搭配飲用。

藤娘酒造

地址：高知縣四萬十市中村新町4-5／電話：0880-34-4131

以四萬十川地下水釀造的「淡麗辛口※銘酒」

四萬十市中村有一間叫「藤娘酒造」的釀酒廠。全日本的釀酒廠在二戰時歷經體制上的整合，幡多地方的酒廠在一九四三年的酒造組合法修正之下，併入「幡多郡酒造」。之後又分家，舊中村市一帶的八間酒廠整併成「藤娘酒造有限公司」（創社時名為中央酒造），草創期就是眾所皆知的知名酒廠。

藤娘製造的清酒大多供應當地市場，近年來因為清酒產品的多樣化，消費者重視酒質，藤娘的酒款深受好評，外地的需求也年年增長。特別是「藤娘　大吟釀原酒」以最高級的釀酒米「山田錦」釀造，磨掉剩下百分之四十的精米率，採用高知酵母與四萬十川的乾淨地下水，榮獲九次全國新酒評鑑會最高殊榮的金賞，評價之高無庸置疑。其酒質屬於土佐自然的淡麗辛口風味。其他人氣酒款則有純米吟釀「四萬十之風」，以四萬十流域栽種出的酒廠愛用米「吟之夢」釀造，同樣採用四萬十川的地下水；以及以酒米「土佐錦」釀造的「藤娘　純米吟釀」。前者不僅有淡麗的風味，入喉如清水般順口，兼具辛口，冰飲溫飲皆宜。藤娘酒造今後將追求怎麼樣的酒質呢？董事長矢部允一說：「現今這個時代，吟釀酒的香氣最受重視，但太出色的酒香反而會干擾味覺。相較於香氣，我們希望能釀造出口味更勝一籌的酒款。」好酒搭配四萬十的美食，味道自然加乘。人們可以在供應佳肴的酒館喝上一杯，盡情享受奢侈的美味時光。

※淡麗指糖分少而清爽的口感；辛口指含糖分少，酸度較高的銳利口感。

皿鉢料理是土佐獨特的飲食文化。原本是宴客時不可或缺的傳統菜肴，將在地當季的山珍海味豪爽地盛放在大盤子上。食用時每個人以小盤子夾取自己想吃的食物，簡單說就是土佐風的自助料理。

基本款是三個大盤子，一是生魚皿缽，接著是綜合皿缽，盛有燒烤、燉菜、炸物、羊羹、水果等，以及壽司皿缽，盛有鯖魚姿壽司與卷壽司。人多時會多準備一些皿缽，人少時也可以只用一個皿缽。皿缽的標準尺寸為一呎三吋（三十九公分），小一點的一呎（三十公分），大至三呎（九十公分）的都有，視人數安排。

基本上一個人吃不完，除非是大胃王，建議兩人以上時合點，比單點便宜許多。總之，皿缽料理是一道適合夫妻、情侶、好友共度美好時光的土佐道地代表菜色，大家一邊配著美酒享用，酒酣耳熱，必定能讓感情加溫。

第25夜◎調味醬炒麵

那個女人總是跟夜風一起進來。

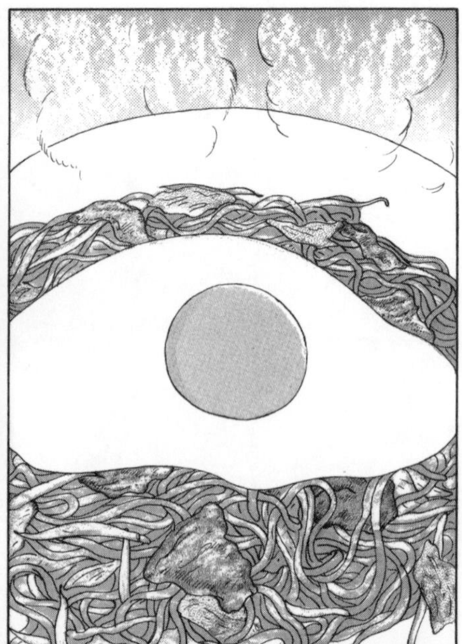
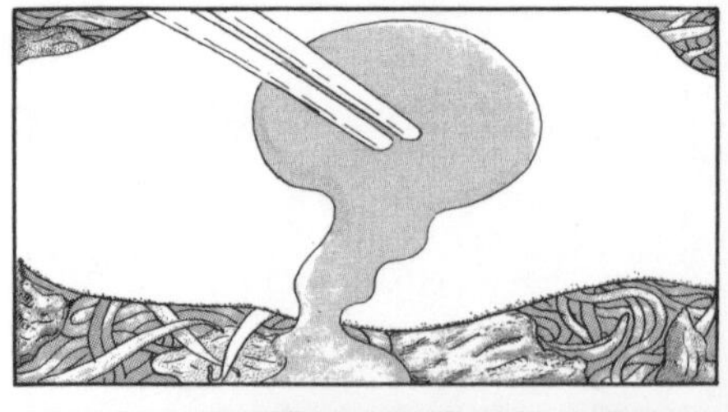

めし
我吃飽了。

老闆！剛才那不是風見倫子嗎?!
喀啦

誰啊？

以前是偶像，現在演很多電影、電視劇啊。

嗯～
這麼一說，的確是好像在哪見過……

我覺得是風見倫子啦……
她吃了什麼？

調味醬炒麵，加一個荷包蛋。

是風見倫子！
絕對沒錯！風見倫子，本名森中倫子。一九六六年九月三日生於高知，喜歡的顏色是藍色，喜歡的食物是調味醬炒麵，加一個荷包蛋！

你還真清楚。

我們以前是粉絲俱樂部成員啊。

裝可愛的女生最討厭！我要走自己的路線

礙手礙腳的男生一腳踢開！

直闖你的小心肝！

年紀一大把還淚眼迷濛呢。但對他們來說，她就代表著青春吧。

小倫雖然很開朗，但她小時候過得很苦。

嗯，父親欠債逃得不見人影……出道前好像曾經是不良少女。

兩位，你們要點什麼啊？

調味醬炒麵，加一個荷包蛋。
我也是。

過了一個月左右，某一天那個女人又跟風一起進來了。
北窓
SNACK
BAR

調味醬炒麵，加一個荷包蛋……

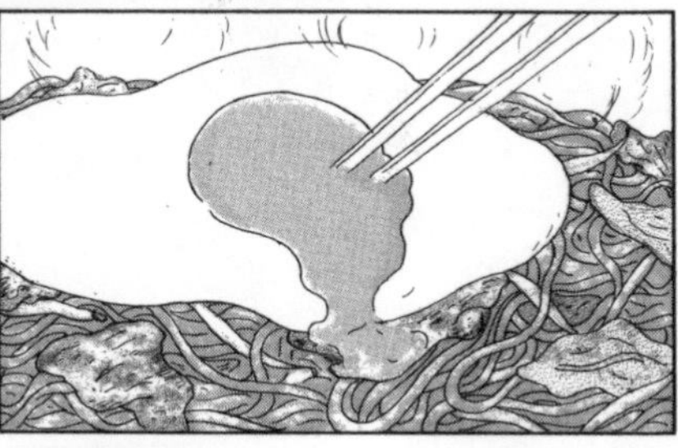

小姐你很喜歡這個呢。

因為小時候常常吃……

我吃飽了。
略微憂鬱的側臉
還真是迷人，
連我都成為
她的粉絲了。

咦，剛剛才走?!
怎麼這樣……

還真是沒緣分啊。

買單。我只有萬元鈔可以嗎？

不好意思，錢包掉了，你沒辦法找零。沒小鈔的話，就記帳吧。

那就記帳了。等你忘記了我再來。

錢包掉了？裡面有多少錢？

錢是沒什麼，證件跟卡也在裡面，麻煩死了。

店
那天早上，準備打烊的時候——
質

這是你的吧？

昨天晚上撿到的。你開店的時候，我進去可能不太方便。

謝謝。

這是一點小意思。
不用啦，不是要謝禮才拿來還你的。
momon

無論我怎麼說
他都不肯收……
那這樣吧，你還沒吃早餐吧？在我這裡吃吧。
momon

啊……全身都暖起來了……

在電影《川歌》的製作發表會上，主角風見倫子談到自己的抱負。

風見倫子啊，真是個好女人。

她偶爾會來店裡。昨晚也來了。

但是她每次都點同樣的東西。

調味醬炒麵，加一個荷包蛋。

老闆……你知道嗎？炒麵撒上四萬十川的青海苔，非常好吃喔。

哎，是嗎？
香味會完全不同。

下次那位小姐來的時候，替她加一點吧。
是四萬十川的青海苔喔……感謝招待。

調味醬炒麵，
加一個荷包蛋。

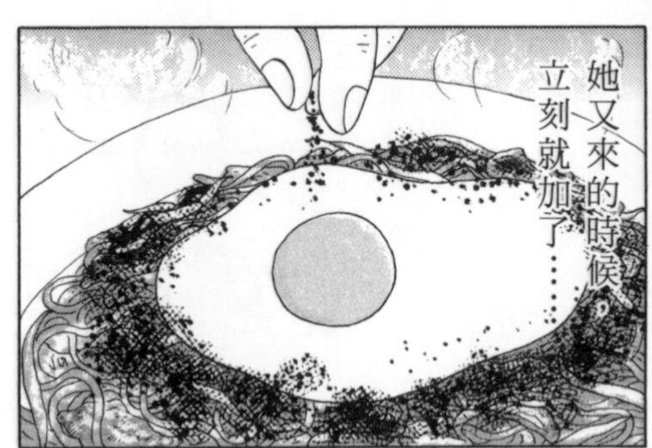
她又來的時候，
立刻就加了……

！

如何？有人教我的。說撒上四萬十川的青海苔會很好吃。

倫子喜歡的四萬十川青海苔。
倫子最喜歡阿爸的炒麵了！

那個人也是你的粉絲喔。

※出處：《深夜食堂》第2集

回憶的滋味

左古文男

四萬十食堂的菜單，
有一道是
「回憶的滋味」。
據說這道料理有著能
滿足所有人的
純樸人生滋味。

咕嘟
……

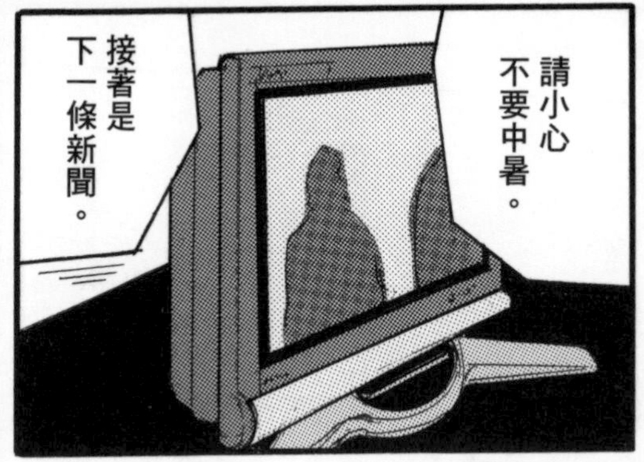

請小心不要中暑。
接著是下一條新聞。

我出生於創下日本最高溫紀錄的四萬十市（以前的中村市）※，國中畢業之前這段多愁善感的時期，我都住在這個小城市裡。

小時候我只顧著玩，和朋友在街巷裡亂竄，熱衷於打紙牌和彈珠。

※平成25（2013）年8月12日下午1點42分，四萬十市西土佐地區測得觀測史上最高溫攝氏41度，創下了日本國內最高氣溫紀錄。

一到夏天，就去四萬十川游泳，釣魚抓蝦。
唧——
唧——
唧——

夏日午後吹著令人舒暢的風，河面上倒映著紅色的鐵橋和藍色的天空。在河邊玩耍的孩子們的笑聲在橋下迴盪，幾乎掩蓋了潺潺的水聲。
哇——
耶！
啊哈哈
嘩啦
嘩啦

啊哈哈哈
那是昭和四〇年代，經濟快速成長開始反映在餐桌上，但一般平民依然貧困，餐桌上有肉的家庭仍是少數。

我們總是餓著肚子，營養不良，淌著鼻涕的孩子也到處可見。
對我們而言，四萬十川的長臂蝦是最棒的零食了。
抓到一隻超級大的啦！

我在四萬十川的河岸上跟朋友一起生火烤著吃。長臂蝦的美味和少年時代的回憶成為難以忘懷的家鄉味。

哎——有點烤焦了啊。

超級好吃！

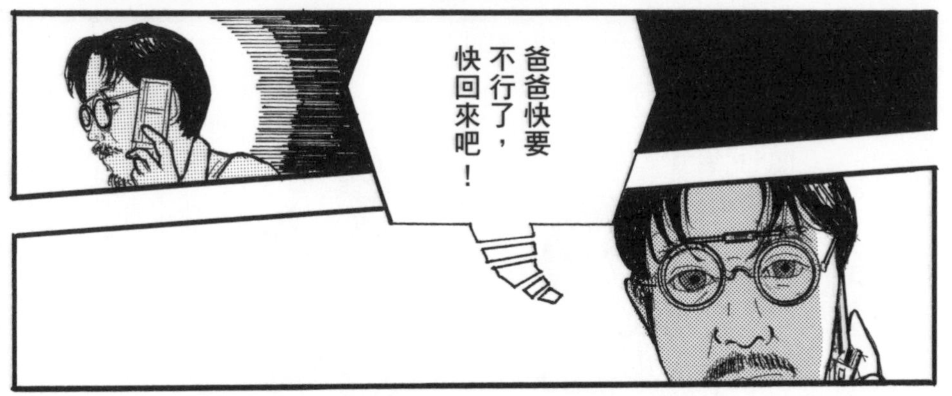

爸爸快要不行了，快回來吧！

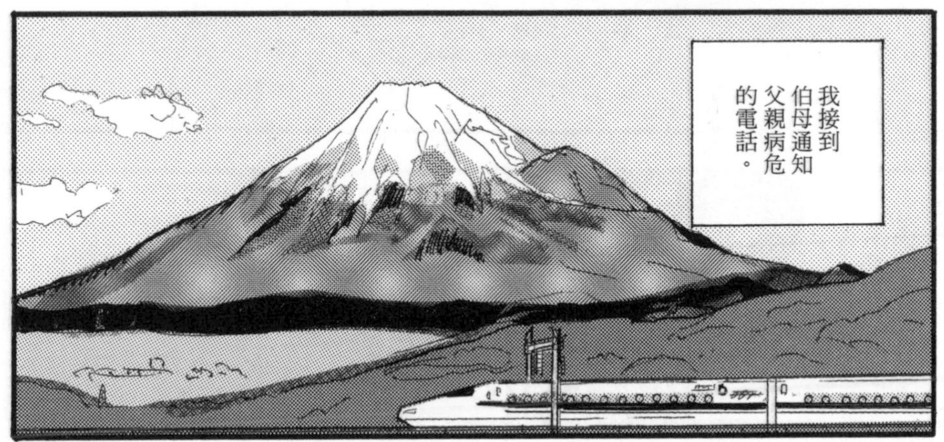

我接到伯母通知父親病危的電話。

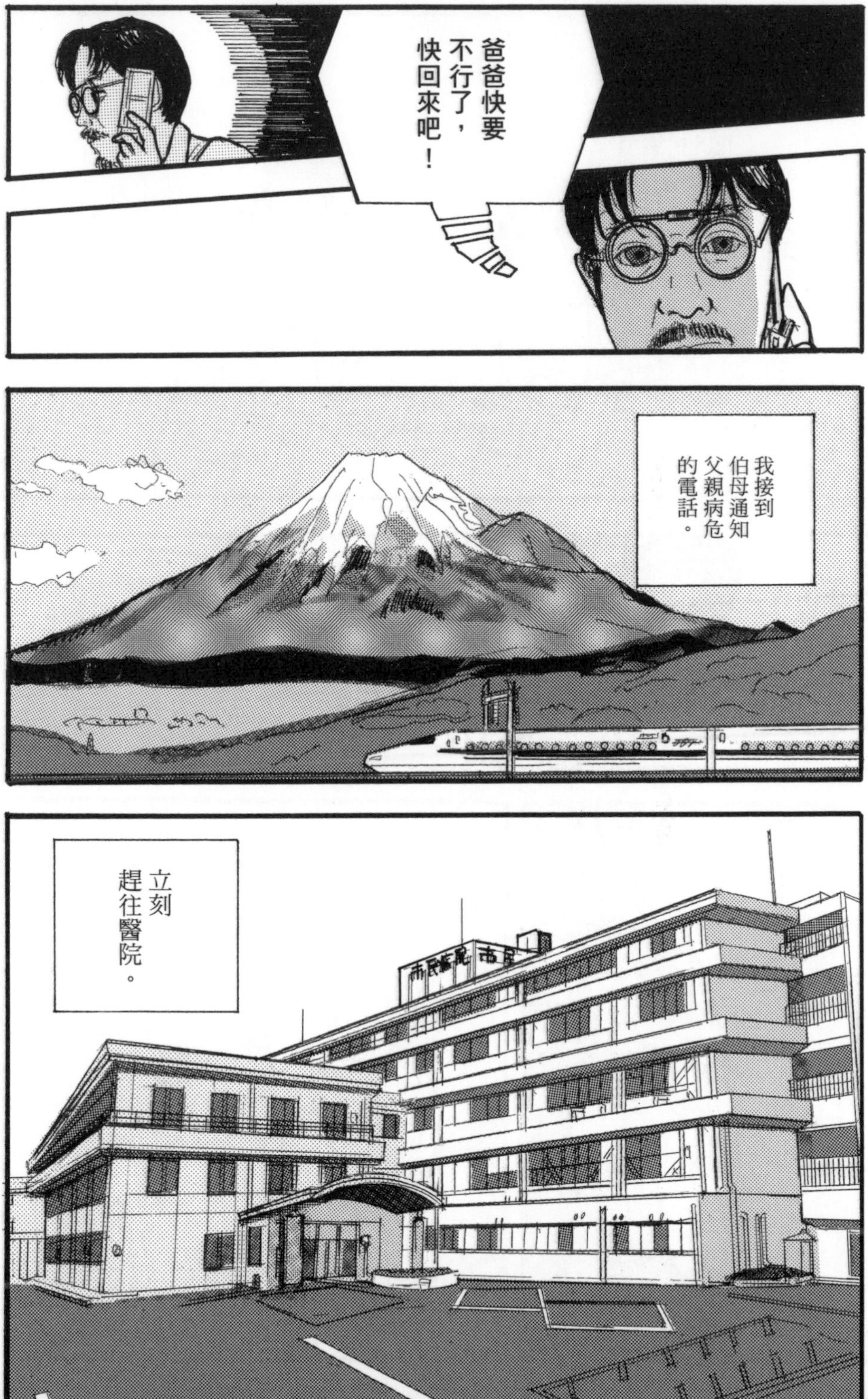

立刻趕往醫院。

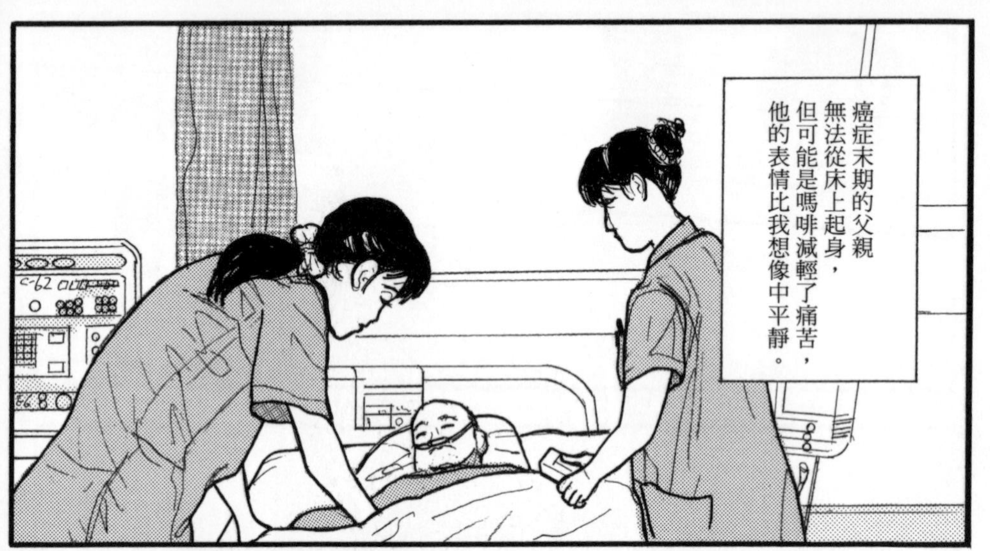
癌症末期的父親
無法從床上起身，
但可能是嗎啡減輕了痛苦，
他的表情比我想像中平靜。

你回來啦……

要吃點什麼嗎？

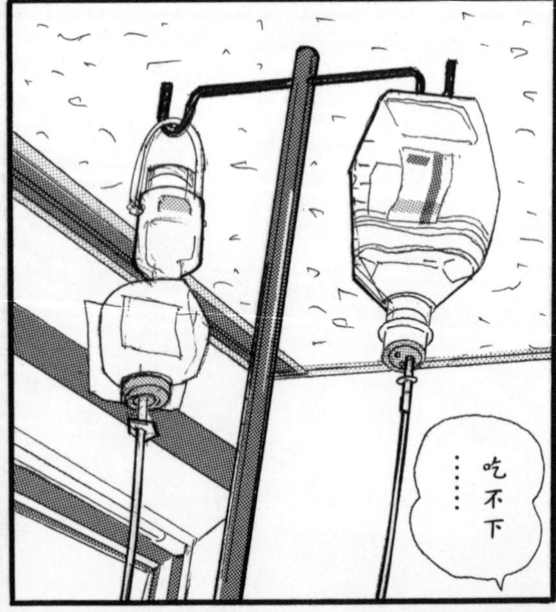
吃不下……

沒有想吃的東西嗎？
……想吃冰淇淋。

我什麼也不能做，守著漸漸死去的父親，腦中不時浮現過往的點點滴滴。
你要帶我去哪裡啊？
在龍串海岸一家叫做「觀海畫廊」的地方。
觀海畫廊是收藏並展示數萬種貝類的博物館。
中午時，我們去可以眺望海景的餐廳。那是我有生以來第一次到餐廳吃飯。
點你想吃的東西吧。
裝在壺裡的咖哩簡直是魔法般的料理。我非常興奮，高興得手舞足蹈。
哇——！
咖哩和白飯是分開放的啊！

接著我想起
國中畢業後
去念高等專科
學校，
然後中途退學
的事情。

學校位於
距離我家
三小時車程的
南國市。

退學的第二天，
父親到我一個人
住的公寓來接我。

回家的路上，
我們在公路旁的
餐廳停下。
那時，
我也點了咖哩。

吃完飯後，
父親點上菸，
沉重地問我。

接下來
你有什麼
打算？

※大學入學資格檢定的簡稱。平成16（2004）年之前在日本施行的考試，合格者就能獲得大學入學的資格。

我想考大檢※，去東京念專門的設計學校。

然後呢？

我要當設計師或漫畫家。

你覺得自己當得成嗎？
……

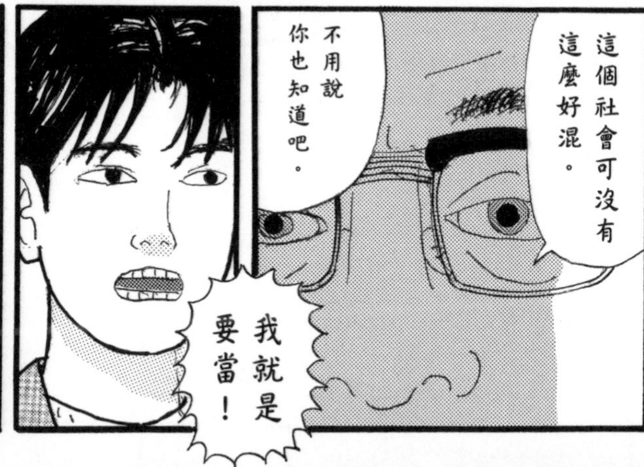

這個社會可沒有這麼好混。
不用說你也知道吧。
我就是要當！

咖哩是略帶苦味的人生滋味。

父親吃了冰淇淋的數日後，靜靜地離開了我們。
人生最後的日子，我會想吃什麼呢？
果然還是想吃記憶中母親的味道，充滿鄉愁滋味的東西吧。
讓人不由得安心，能夠細細品味的食物。
比方說位於四萬十川旁邊的四萬十食堂，一邊聽著孩子們喧鬧的笑聲，一邊吃著充滿平凡回憶滋味的咖哩那樣。

歡迎來到
四萬十食堂

幡多是個不受時間影響的地方

左古　這次為了蒐集撰寫本書的資料，我們一起把中村（現在的四萬十市中村）逛了個遍，我印象最深刻的是，安倍老師到現在也說著純正的幡多方言。即使到東京上大學後已經過了三十多年，幡多方言仍說得這麼好，讓我非常佩服。

安倍　是嗎，稱不上說得多好啦……

左古　今天的對談如果能以幡多方言進行一定很有趣，但這樣註釋會太多，還是使用標準日語吧。

安倍　不能讓讀者閱讀起來太辛苦啊。我在東京幾乎不說幡多方言呢。

左古　果然在東京不會說吧。

安倍　不會說呢。但是一回到中村，就開始說啦。

左古　應該是因為您在中村住到高中畢業，影響很大吧。

安倍　該怎麼說呢，有些人即使住到高中畢業，之後去了別處，再回到幡多也不說幡多方言。但我就常發生在東京跟老家的人通電話時講了家鄉話，之後跟東京的人通電話就改不過來的狀況（笑）。

左古　對方聽到幡多方言應該會驚訝地心想：「這傢伙在說什麼啊！」（笑）

安倍　大學的時候坐車回家，在路上就開始回到幡多方言的狀態了。

左古　經過名古屋、大阪，越來越接近四國的時候，語言就切換了？

安倍　對，漸漸轉換，講話自然回到幡多方言。但如果是跟本地的同學一起回去東京，即使到了東京還是會繼續講幡多方言呢。

左古　交談的對象是同鄉，自然就說起幡多方言了啊。對方說幡多方言，自己卻講標準日語感覺很奇怪。

安倍　左古先生也是回到中村就說幡多方言啊。之前為了畫封面去看岩間的沉下橋時，完全使用幡多方言呢。

岩間的沉下橋

左古 是啊。那是取材的最後一天，完全進入幡多方言狀態。我在國中畢業之前沒有離開過中村，之後在南國市待了三年，再到東京已經住了將近三十五年。但是回到中村兩三天，就開始說夾雜著土佐腔的奇怪幡多方言啦。我去東京之後有好一陣子沒回老家，也幾乎沒有說幡多方言，重新開始使用幡多方言要花點時間。二十來歲的時候，被人認為是鄉巴佬讓我覺得很丟臉。我去東京時，大家對中村的印象都是電影《準備祭典》[1]裡呈現的樣貌，我不想被人看成是在那種老舊環境裡長大的人。雖然我確實具有當地人的習性，當時流行《不由水晶》[2]，但我不想表現得俗氣。不過中村並不像《準備祭典》裡面呈現的那樣，地緣血緣糾纏得一塌糊塗的地方就是了（笑）。安倍老師常常回中村嗎？

安倍 大概一年回去兩次。

左古 回去通常待多久呢？

安倍 久一點的話，大概十天吧。

左古 意外地不久呢。

安倍 要是待久了，就不稀奇啦（笑）。

左古 人家會受夠你不想理你啦。

安倍 就是說啊。所以大概一年兩次，盂蘭盆節和年底時回去幾天而已。

左古 安倍老師在著作《酒友，飯友》裡不是有寫到家鄉的味道嘛，在宇高渡輪上站著吃的烏龍麵，我滿懷思念地讀著。果然就跟您寫的一樣，那是東京到中村漫長的旅途中唯一的樂趣，所以讓那烏龍麵的味道變得更好了。

安倍 我的確是這樣覺得啦。正因為在那種情況下，才覺得非常好吃。只要跟出身四國的人講起渡輪上的烏龍麵，大家都會瞇著眼睛說：「那真好吃啊。」但是年輕人連四國和本州之間以前有渡輪都不知道呢。

左古 因為昭和六十三（一九八八）年時瀨戶大橋就開通了。

安倍 就連快要三十歲的人，出生的時候，四國和本州之間就已經相通了。

1《準備祭典》（《祭りの準備》）
一九七五年上映的日本電影。以昭和三〇年代的高知縣中村市（現四萬十市）為舞台，由劇作家中島丈博編寫的半自傳作品。在當地合作金庫上班，憧憬成為劇本家的青年，在地緣和血緣的複雜關係中掙扎，歷經苦難終於踏上離鄉的旅途的故事。導演是黑木和雄。

2《不由得，水晶樣》（《なんとなく、クリスタル》）
一九八〇年一橋大學四年級生的田中康夫所發表的小說，簡稱《不由水晶》。以住在東京的女大學生兼時尚模特兒的生活為中心，描述當時的流行和習慣，各種品牌、餐廳、學校和地名等等的專有名詞，作者做了442個註釋和分析，成為一時的話題。由於書中的女大學生在當時被稱為「水晶族」，本書也被評價為泡沫經濟時代名牌潮流的先驅小說。

左古 您也寫了大學時年底連夜回老家的事，那時候有夜班列車嗎？

安倍 有。當時我下午六點後離開東京，大約十點到岡山，然後轉搭在來線到宇野，半夜搭上渡輪。邊吹著隆冬的夜風邊吃烏龍麵，滋味令人難忘啊。

左古 這樣的話，從高松轉搭土讚線時就過了午夜吧？

安倍 是啊。每站都停的慢車會在早上七點半左右抵達終點中村站。半夜離開高松的時候，乘客只有要回家的醉漢。途中沒有人上車，也沒有人下車。然後七點左右抵達土佐佐賀站[3]，那時就有高中生上車了，因為恰好是上學時間。我想現在已經沒有那麼沒效率的班車了吧。

左古 您常搭那班列車回家嗎？

安倍 沒有，只搭過一次。我查了一下發現它是慢車，覺得應該會很有趣。白天回去的話會耗費一天的時間，晚上回去就不會浪費時間，也不用花高松到中村的特急車費。

左古 如果在車上能睡著就好了，但在土讚線上搖晃八個小時好像很難受啊。

安倍 車上幾乎沒有乘客，可以自在地坐著，但還是很累。現在這把年紀已經沒辦法那樣做了。當時是連保特瓶都沒有的年代，火車上也沒有自動販賣機，連水都沒得喝。

左古 那該怎麼辦？

安倍 離開東京站的時候，學姊給了我好幾顆裝在網袋裡的蜜柑，幫了我大忙。如果沒有蜜柑的話，我搞不好會得經濟艙症候群也說不定。

左古 不只搭飛機，長時間搭火車也要一直坐著，不補充水分的話，很容易出問題。

安倍 小時候出遠門時也都會帶水壺呢。

左古 那是必需品。

安倍 當時跟現在不一樣，連自動販賣機都沒有，罐裝果汁是高級品，茶也只有裝著茶袋的那種塑膠瓶裝茶。

左古 對，車站和車廂裡有賣附杯子的那種塑膠瓶裝茶。您搭車回家是因為不喜歡坐飛

3 土佐佐賀站
位於高知縣幡多郡黑潮町佐賀的土佐黑潮鐵路中村線的車站。昭和38（1963）年隨著日本國有鐵道中村線（窪川站～土佐佐賀站）開通而開始營運。當時經由國鐵巴士連接土佐中村。昭和45（1970）年中村線延伸至中村站，讓本站成為了無人站。昭和62（1987）年，國鐵分割民營化，本站由四國旅客鐵道接手經營。昭和63（1988）年轉換為土佐黑潮鐵道。站名的標語是「鰹魚一本釣日本第一的城鎮」。

機吧。

安倍　不是不喜歡，而是覺得自己還是個學生，不能搭飛機回家（笑）。

左古　現在是噴射機就沒問題了。以前高知到羽田只有YS－11的螺旋槳飛機在飛，那種晃動讓人非常不安心啊。我搭過一次就嚇到了，之後都坐車，直到噴射機出現為止。安倍老師現在還坐車回家嗎？

安倍　現在改搭飛機了。當上班族的時候也都搭飛機，但年底和盂蘭盆節人很多，訂不到機票的時候只好坐車啦。

左古　安倍老師不開車，搭飛機的話要再從高知龍馬機場搭機場巴士到高知站，然後轉搭土讚線吧。

安倍　對。但是我從公司辭職到《深夜食堂》開始連載之前，都是搭深夜巴士回去。

左古　深夜巴士雖然便宜，但應該很累。

安倍　確實很累。

左古　雖然現在交通方便多了，但要到幡多的玄關口中村，先搭新幹線再轉乘土讚線的特急列車，也要花八小時以上。就算搭飛機，從羽田到高知龍馬機場要一小時十五分鐘，然後轉搭巴士和火車還要再花兩個多小時。如果轉乘時間沒算好的話，去幡多可能會有「此道難，難於上青天」的感覺啊。

安倍　與其說是距離遙遠，不如說是要花很多時間才能到達而感覺遙遠。

左古　在渡輪上吃的烏龍麵充滿鄉愁的滋味，真的非常美味。那是讚岐烏龍麵，但小時候去「中村超市」二樓餐廳吃的烏龍麵我記得也非常好吃。去東京之後吃到的烏龍麵都難吃得要命，無法入口，麵醬油的味道太濃了。我現在還是沒辦法吃關東的烏龍麵，安倍老師您呢？

安倍　我會去使用讚岐烏龍麵的店，但多半在家裡吃。高湯的話一定要是㊊烏龍麵湯。

幡多的當地料理和B級美食

安倍　左古先生是怎麼回老家的呢？

左古　我是搭飛機和租車。平成二十四（二〇一二）年年底，高知高速公路延伸到四萬十町中央公路，從機場到窪川（現在的四萬十町窪川）很方便，但那之後的路比較漫長。雖然以距離來說，機場到窪川比窪川到中村遠，但後者要經過片坂的最高點再沿著海岸蜿蜒的道路開，要花上不少時間。

安倍　從機場直接開車回家不休息嗎？

左古　離開四萬十町中央公路的地方有休息站。

安倍　的確有呢，一個叫做「亞久里窪川」的漂亮小地方。

左古　是的。我常常在那裡休息吃午餐，那裡用米飼養的四萬十豬肉很好吃。餐廳有咖哩豬排之類的料理，週末有路邊攤賣豬肉串燒，便宜又好吃。歐巴桑們邊搧風邊燒烤，視覺和嗅覺的刺激讓人忍不住想吃。

安倍　我聽說過四萬十豬肉，但是沒吃過。

左古　有機會的話，請一定要吃吃看。說到窪川，有一間在全國的咖啡迷之間很出名的咖啡店，叫做「淳」，您知道嗎？

安倍　我很少去窪川，只去過一次。我不知道那間店，畢竟只是閒逛的話不會知道啊。

左古　我也很少去，但我在高知高等專科學校上學的時候，曾經有個老家在窪川的損友

看起來就好吃的四萬十豬肉串燒。

休息站「亞久里窪川」
地址：高知縣高岡郡四萬十町平串284番地1／電話：0880-22-8848／營業時間：上午八點～晚上八點（從十月到三月是上午八點～晚上七點）／休息日：奇數月第三個星期三（只有三月休最後一天）

4 植草甚一
明治41（1908）年～昭和54（1979）年。歐美文學、爵士、電影評論家。獨特的文體和富有個人特色的生活方式深受年輕人喜愛，形成了普及的次文化。昭和48（1973）年創立《Wonderland》雜誌（之後的《寶島》）。他寫的文章都會附上古老圖片的拼貼畫等。

常常帶我去。

安倍 這麼說來，那是將近四十年前的事了吧。

左古 是啊。店主是個像仙人一樣的老人，店裡的牆壁上貼著植草甚一[4]風格的拼貼畫、獨特的海報、全國各地咖啡店的火柴盒等等，還播放好聽的現代爵士樂。

安倍 那間咖啡店現在還在嗎？

左古 現在還跟當時一樣呢。外觀沒有變，牆上攀滿了爬牆虎，入口很難找，一眼望去連是什麼店都看不出來。但是進入店裡，仍然跟以前一樣充滿昭和的氛圍，令人感動。上一代店主已經不在了，但他去東京上大學之後從事教職的兒子回來繼承家業，去年是開店五十週年。

安倍 地點靠近窪川站嗎？

左古 從車站可以走路過去。在37號參拜所岩本寺入口旁，應該很容易找到。

安倍 這樣很容易找呢。店名「ＪＵＮ」是平假名還是漢字？

風流茶房「淳」
地址：高知縣高岡郡四萬十町茂串町6-6／電話：0880-22-0080／營業時間：上午八點～晚上七點／休息日：星期二

仿若仙人的第一代老闆川上淳二郎先生的肖像畫。

第二代老闆川上章雄先生。

在累積了歲月氛圍的店內喝一杯咖啡，度過珍貴的時光。

店裡的牆壁上貼滿上一代老闆親手製作的拼貼畫。

左古 是一個漢字。

安倍 谷崎潤一郎的「潤」嗎？

左古 吉行淳之介的「淳」。上一代店主叫做川上淳二郎，所以取了「淳」這個名字。換個話題，我記憶中的家鄉味是在四萬十川河邊烤的長臂蝦、海邊撿的卷螺[5]，還有秋天在山裡挖的山藥，真的非常好吃。安倍老師的家鄉味是什麼呢？

安倍 春天會去採土川七來吃。正式名稱叫做虎杖，但在中村都叫土川七。

左古 對，土川七。小學的時候沒有零用錢，都吃山裡、河裡跟海裡的東西呢。

安倍 山藥加上魚類高湯後，用研缽研磨到黏稠度剛好的狀態，淋在熱騰騰的白飯上，好吃極了。撿卷螺的話您去哪裡撿呢？

左古 雙海崎和名鹿吧。

安倍 騎自行車去嗎？

左古 是的。

安倍 那真是太辛苦啦。那裡離中村很遠呢，車程四十分鐘左右吧。

5 卷螺
腹足綱前鰓亞綱原始腹足目鐘螺科的卷螺，正式名稱是久保貝。在高知只要是在海邊石地裡撿得到的小型貝類，全部叫做卷螺。時令是夏天，充滿海潮的香味。常用鹽水煮熟當下酒菜，挑出肉來蘸酸桔醋醬油也很好吃。

6 水桃
把刨冰填入桃子形狀的木模子所製成的冰品，再插進木棒當冰棒吃。雖然是草莓口味，但因為是桃子形狀，所以叫做水桃。

左古　車程將近一小時。這次我回去的時候嫁到大月的表妹去柏島撿了卷螺和蛤仔給我吃，真是美味。安倍老師也去撿過卷螺嗎？

安倍　有。父親開車載我們一家四口，帶著便當去小筑紫。

左古　就像遠足呢，順便採集食物，真是一舉兩得。

安倍　沒錯。

左古　小學時，一到撿卷螺的季節，就有推著手推車的歐巴桑在街上賣涼粉。

安倍　這我還真不知道。我都在家附近的店家「谷口」吃涼粉。那裡也賣拉麵、烏龍麵、刨冰和水桃[6]等等，是現在位於大橋通的「彩食堂」的前身。

左古　說到涼粉，我在柏島吃過非常好吃的。沒有要去取材，而是協助本書的《HATAMO~RA》員工告訴我的。

安倍　店名叫什麼？

左古　叫做「御好燒君」。從店名和店裡的樣貌會讓人以為是賣御好燒的，但老闆島本貴實先生會用當天新鮮的食材，隨客人喜好做出各種料理，就像深夜食堂一樣。店裡有鐵板，所以也能做御好燒（笑）。他們的涼粉使用本地的石花菜，存放一年以上，然後遵循古法以鐵鍋燒柴火將之煮到融化。

安倍　為什麼要存放那麼久呢？

左古　據說這樣味道會更好，煮出來的黏稠度也會比剛採收時好。

安倍　用什麼高湯呢？

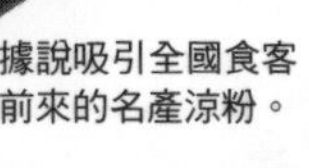

據說吸引全國食客前來的名產涼粉。

在擠涼粉的店主島本貴實先生。

餐廳「御好燒君」
地址：高知縣幡多郡大月町柏島149-2／電話：0880-76-0453／營業時間：上午九點半～晚上七點／休息日：不定期。涼粉六份以上就可以寄送（販賣期間：4月1日～11月3日）。

左古 昆布。幡多的涼粉用的是昆布或柴魚的高湯，不是醋醬油也不是黑蜜。

安倍 不放醋吃起來順口又好吃。那裡也有魚類料理嗎？

左古 有。我去的時候是上午，就曾看到常客在吃煮魚，看起來非常好吃。雖然是間小店，據說只要訂位，晚上也營業，可以享用美酒佳肴。這是內行人才知道的好評餐廳，店裡有很多名人的簽名。

安倍 坂本龍馬沒去過吧（笑）。

左古 哈哈哈。很可惜，沒有龍馬的簽名。說到夏日風情，除了涼粉攤，也不能忘記古早味冰淇淋攤啊。這次承蒙安倍老師請客，吃到很久沒吃的冰淇淋，那種清新的口感，不太甜又很清爽，真的會讓人上癮。

安倍 古早味冰淇淋在昭和時代就好像全國都有了，但現在似乎只剩下高知在賣。

左古 好像是這樣。

安倍 現在中村的天神橋商店街有假日市集，我們小時候區公所附近也有很多路邊攤，非常熱鬧，許多撐著陽傘的冰淇淋攤，我常去那裡買來吃。一到夏天，公路旁也會有歐巴桑和打工的高中生在賣冰淇淋。一看到陽傘就想吃，我總是會去買。

左古 那時偶爾得到零用錢，外面賣的小吃就是涼粉和冰淇淋，不然就是章魚燒。

安倍 是啊。店家「竹葉」的章魚燒，只要是中村人沒有不知道的吧。

左古 在區公所旁邊停車場的入口。

安倍 現在也還在那裡，跟以前一樣是一間水泥小屋。在中村，說到章魚燒就是竹葉了。現在的店主是第二代的帥哥，我們小時候時是壯碩的大叔和大嬸在做呢。

左古 對，所以在討論拍攝沉下橋的碰頭地點時，安倍老師指定了竹葉，我就心想：「幹得好！」我們都是昭和四〇年代中村的小學生，那間水泥屋是非常醒目的地標呢（笑）。拍攝結束之後，吃到了好久沒吃的竹葉章魚燒，味道跟小學時一模一樣，完全沒有變，真令人感動。

四萬十市佐田的沉下橋邊撐著陽傘的古早味冰淇淋攤。

安倍　我回老家時也一定會吃。一口份量的章魚燒口感很軟，非常適合配啤酒。

左古　跟現在流行外皮香脆、內餡軟的那種章魚燒不一樣，那才是正宗的昭和章魚燒。我國中時常吃御好燒，現在步入中年，還是很喜歡麵粉類的食物。

安倍　放學後吃嗎？

左古　放學後跟朋友一起去吃，也常在中午休息的時候吃。國小和國中都沒有營養午餐不是嗎？

安倍　是啊，現在好像也沒有。

左古　安倍老師是回家吃午餐嗎？

安倍　我帶媽媽做的便當。左古先生是回家吃飯嗎？

左古　有時候回家吃，有時候去吃御好燒。我爸媽都工作，媽媽是中村醫院的廚師，中午不回家。有時候我也吃她早上做好的食物，但大多是拿午飯錢去外面吃。

安倍　都在哪裡吃呢？

左古　我常去新町一家叫做「山崎」的御好燒店。山崎的歐巴桑很會照顧人，讓人感覺很自在，當然料理也好吃，所以我常去。

安倍　那間店現在還在嗎？

左古　還在。但歐巴桑已經過世了，那間店現在改叫「剪刀石頭布」，由來自東京的兒媳婦掌廚。安倍老師很少外食嗎？

位於四萬十區公所旁邊，專門做外賣的「竹葉」章魚燒店。

安倍　很少。我偶爾會去一家叫做「京極」的御好燒店，也常在「角萬」食堂吃親子丼。還有就是剛才提過的「彩食堂」和位於大橋通的「大三元」拉麵店，那是由一個胖姊姊和一個白頭髮的瘦大叔經營的。

左古　國小和國中生在外面用餐，果然還是吃飯麵之類的吧。

安倍　確實幾乎只吃那些，當時的店家也沒有現在這麼多。通常都是媽媽在家做飯給我們吃。我在中村只待到十八歲，所以沒有關於下酒菜的回憶。長大後回老家，朋友帶我去居酒屋，我才發現中村的下酒菜很好吃。

左古　我喜歡長臂蝦和卷螺，但是生魚片跟鯖魚壽司就不太行。經過這麼多年，再度體會到幡多是美食寶庫的時候，那些年輕時不喜歡的當地料理，忽然就變得讓人安心了。幡多人都不太計較，這是正面的意思。

安倍　認真的人在幡多方言裡被稱做「じっていな人」，指非常周到細心、正經耿直的人。

左古　這我第一次聽到。

安倍　是嗎？

左古　但是我覺得中村的「じっていな人」並不多啊。

安倍　就是因為這種人不多，才會被說是「じっていな人」吧。

左古　原來如此。我身邊沒有「じっていな人」，所以沒聽過這個說法（笑）。我身邊幾乎都是隨意到不行的人，但是跟那樣的朋友喝酒，就會覺得自己為了一點小事糾結實在很愚蠢，還是輕鬆過日子比較好，可以讓人忘卻煩惱。

安倍　說是隨意，但左古先生的朋友應該都是有常識的人。更加不像話的還大有人在呢，那種人就叫做「耍白爛」（笑），「混日子」的人。用標準日語來說就是不負責任。

左古　不事生產，一大早就開始喝酒，完全不管家裡的事，每天去打小鋼珠那樣吧。

安倍　這些人裡就有「耍白爛」的吧。左古先生的朋友雖然看起來很隨意，但是不會耍白爛，能讓人感到輕鬆。以前我曾經採訪過位於銀座的高知縣土產店「高知美食市集」的濱田女士，她也說過跟左古先生一樣的話。

左古 我去採訪「高知美食市集」的時候，她剛好休假和母親去遍路參拜，沒有見到面。她也是高知人吧。

安倍 她的娘家在高知城下開一間賣酒商店，她去東京上大學，畢業後當過空姊等職業，結婚後辭職，轉任田崎真也葡萄酒沙龍的副總經理，後來又負責「高知美食市集」的企劃和經營。

左古 真是一帆風順的人生啊。

安倍 也不盡然。她遇過各種挫折，剛過四十歲就發現得了重病。治療告一段落後，回高知住了兩個月左右，那時有人帶她去各地遊覽。從她離家去東京念書之後，就沒有在老家待過這麼長時間。再度造訪故鄉，她發現這裡有豐富的自然風景，食物美味，在地人親切和善，讓她領悟到「這樣的生活就很好」，深深被治癒了。

左古 真是很好的復健呢。

安倍 她發現適度地輕鬆過日子對人是有好處的。

左古 緩慢生活對精神和肉體都非常有益。說到緩慢，大月的特產「東山」（第104至105頁）是最棒的慢食吧。

安倍 番薯乾全國都有，但沒有像「東山」那樣美味的。

左古 只有大月的水土和氣候才能做出那種味道呢。

安倍 是啊。直接吃就很好吃，稍微烤一下也不錯。我最喜歡加入東山番薯乾的麻糬，烤一烤既香又甜，真好吃啊。

左古 我也吃過。說到幡多的料理就是炙燒鰹魚和四萬十川的水產，但也有很多不為人知的地方菜色和B級美食。

安倍 有名的料理當然好，但既然到了幡多，還是應該嚐嚐只有那裡才吃得到的地方菜啊。

「四萬十食堂」就是媽媽的味道

左古　您的出道作品《山本掏耳店》就是以中村為舞台呢。

安倍　對。

左古　連載中的《深夜食堂》是以新宿為舞台，但是也有以鄉下為背景的單元故事。

安倍　是啊。

左古　連載快八年了，有幡多食材登場的故事只有兩篇收錄本書，有什麼原因嗎？

安倍　如果一直家鄉家鄉講個不停，讀者會覺得沒意思。雖然很多人都說家鄉的故事很好，但我還是不怎麼畫。因為類似的故事已經太多了，我並不想吹捧家鄉。四萬十的青海苔不是一開始就打算畫的，那是一面構思故事情節，碰巧可以用上這種食材，才將它畫進去。

左古　您都是先構思故事，再思考要畫什麼料理嗎？

安倍　基本上會先想好要畫什麼菜，再想這道菜要讓什麼人來吃。決定料理跟登場人物的時候還不知道故事結局。青海苔的故事設定是曾經當過偶像的顧客來點這道菜。

左古　故事裡說青海苔是炒麵必備的配料。

安倍　對。但我自己並沒有這樣吃過。我從小就非常喜歡四萬十的青海苔，裹在乾煎的東西上，或是撒在熱騰騰的白飯上，那個香味實在太美妙了，白飯可以吃掉好幾碗，所以我確定撒在炒麵上也一定好吃。四萬十川的青海苔產量似乎佔了全國的十分之九。而為了加強劇情，還必須加入其他要素才行，讓大家知道青海苔來自四萬十川流經的高知縣。

左古　我在前言裡提過，那個故事正是本書的開端，電視劇也拍得很好。

安倍　是啊。我沒有畫出來的部分劇情都補足了，我也覺得拍得很好。

左古　能畫出這樣涵意深遠、可以反覆閱讀的深刻作品，是因為安倍老師大器晚成，四十一歲才出道吧。二十幾歲的年輕人是畫不出這種故事的。《深夜食堂》絕對不是美食漫畫，而是透露出成熟人情世故的人性劇場。

安倍　我從沒想過要畫美食漫畫。

左古　嗯，書裡也沒有大肆炫耀跟食物有關的各種知識。

安倍　因為我不是美食家。國小的時候，我每天早上跟妹妹分食烤鯖魚。但我沒有意識那是烤魚，也不知道那是鯖魚。後來當了上班族，出去吃飯點了烤鯖魚定食，才發現原來那就是鯖魚啊（笑）。我去大阪叔叔家的時候，也吃到非常好吃的烤魚。我問這是什麼，他說是沙丁魚（笑）。他們笑我連沙丁魚都不知道。我對魚類一無所知到這種地步呢。

左古　這實在不像昭和年代的人啊（笑）。

安倍　國小時我根本不在乎魚的種類，所以完全不記得。但是我很想早點成為漫畫家啊。因為沒有才能，所以無法出道。畢竟我不是多有內涵的人，不是因為知識豐富而畫畫。這些都是真心話，我只是描繪出幾種真實的情況，讓讀者自己去解讀。雖然我沒有細膩的想法，但感性夠的人一定能體會出深刻的內涵。

左古　雖然有這些認真閱讀的讀者，但要傳達出大人能夠認同的故事和訊息，還是需要品嚐過酸甜苦辣的豐富人生經驗啊。我二十幾歲就出道，主要畫青年漫畫，但都是些淺薄的作品。我缺乏實際的經驗和行動，為求商業上的成功，畫的都是些不必要的東西，看起來很虛假，沒有真實感。之後自己厭倦不想畫了，趁早改行去寫作。

安倍　既然有以年輕讀者為對象的媒體，那作者自然也可以是年輕人。他們並不想看剖析人性的故事，只要有趣就行了。只不過，二十來歲的人畫的漫畫，六十幾歲的人可能會看不下去。

左古　果然必須是成熟的表現者，才有辦法感動花甲之年的人啊。我是在《COMIC BAKU》雜誌上出道，它是為了發表義春先生重新開始創作的新作而創刊的，比較重視作品本身而非商業性，編輯很少干涉創作，作者可以畫自己想畫的作品。後來我換到商業雜誌，編輯的要求就變多了，因為他們要的不是你想畫的東西，而是能紅的作品。這讓創作者很痛苦。《深夜食堂》都是安倍老師想傳達的內容吧，很多讀者都很有共鳴呢。

安倍　能畫自己覺得有趣的故事，並且獲得眾多讀者的喜愛，真的非常令人高興。比如有人一把年紀了還不肯吃紅蘿蔔，我覺得這很有趣，但是沒有人以此為主題畫漫畫；荷包蛋該從哪裡開始吃，要加醬油還是調味醬，我也覺得很有意思；其他像是在沿著牆的道路上遇到電線桿，我們通常會走電線桿旁邊靠馬路的那一側，但是也有人會從牆和電線桿中間穿過去。我覺得就是這樣才有趣，我想畫這種人（笑）。雖然這種漫畫不會紅。

左古　但是《深夜食堂》很紅不是嗎？

安倍　我覺得自己曾從事廣告業很長一段時間是件好事。廣告這種東西需要考慮到觀眾，但很多製作方都只思考如何讓自己大紅大紫。其實不是這樣的，必須思考觀眾需要的到底是什麼。

左古　跟「創造需要」這種概念的立場剛好相反呢。

安倍　對方需要的東西，只要從自己現有的資源裡拿出來就好了，不必譁眾取寵。

左古　第一夜的料理就是紅香腸。

安倍　那個故事很適合畫出來，馬上就能讓人看出這不是美食漫畫（笑）。現在想起來，那非常恰當地表達了《深夜食堂》的主旨。

左古　紅香腸是便宜又好吃的家常菜，是長年擔任NHK《今日料理》節目的講師尚道子女士想出來的。

安倍　是啊。尚道子女士是料理研究家岸朝子女士的姊姊。雖然紅香腸當下酒菜很不錯，但配飯的菜也會讓人想喝酒不是嗎？比方說吃薑燒豬肉會讓人想喝啤酒，但在居酒屋不能單點這種配飯的菜。不過現在因為有了需求，供應這種菜色的地方也多了。

左古 難道不是《深夜食堂》的影響嗎？

安倍 這就不得而知了。但很多居酒屋真的開始賣紅香腸，問起來還有很多客人點呢。

左古 這很容易理解。那您為什麼畫宿毛的丁香魚呢？

安倍 當然是因為我喜歡啊。說到丁香魚就令人想起生魚片，然後就會想到鹿兒島。這讓我們本地人忿忿不平，很想讓大家嚐嚐宿毛的丁香魚。

左古 丁香魚是宿毛的代表魚類，生魚片從以前就很有名，最近正以「丁香魚丼」（第120至121頁）為振興地方的主打呢。

安倍 好像是這樣呢。我喜歡炸丁香魚，但也想吃吃看「丁香魚丼」。

左古 這次是我第一次吃「丁香魚丼」，真的好吃到連舌頭差點都要吞下去了，非常美味。

安倍 您在哪裡吃的？

左古 第39號參拜所延光寺附近，一間叫做「海呀山呀」的居酒屋。宿毛市內包含這間店，可以吃到丁香魚丼的餐廳和旅館總共有十二間的樣子。說到這個，所謂的「四萬十食堂」是以幡多的飲食文化和地方形象所創造出來的詞彙，安倍老師心中的「四萬十食堂」又是怎樣的呢？

安倍 幡多地方雖然有很多美食，但都不是會大聲宣揚那個好吃、這個美味的東西。到頭來，對我而言「四萬十食堂」可能就是媽媽的味道。這樣說好像很媽寶，有點討厭。

左古 沒這回事啦。我也覺得「四萬十食堂」的味道最終還是媽媽的味道啊。果然還是家裡熟悉的味道最好吃，大家都是這樣覺得吧。雖然有很多好吃的食物，但說到終極美食，那就是每個人自己家裡的口味了。對我來說，媽媽的味道就是咖哩。我在漫畫裡畫過，我和爸爸一起吃東西的回憶也是咖哩。可能會有人覺得我也太喜歡咖哩了吧，但我從小就不想吃生魚片什麼的，肉跟青菜

居酒屋「海呀山呀」
地址：高知縣宿毛市平田町中山852-5／電話：0880-66-0451／營業日：星期五、六、日／營業時間：下午五點～晚上十點

我也討厭，我只喜歡麵粉製品跟咖哩。

安倍 原來您小時候是這樣的啊。

左古 我可以抬頭挺胸地說，我一直都是小朋友口味（笑）。而且我從來不吃第二碗飯，但是搭配咖哩的話，幾碗飯都吃得下。

安倍 是怎樣的咖哩呢？

左古 使用市售的兩種口味的咖哩塊，加上蘋果泥和巧克力碎片調味，再加上絞肉和切細的蔬菜，討厭肉和青菜的我也能吃。這種咖哩在中村醫院也大受好評。本來醫院的餐點只有住院的患者才吃，但護士小姐和醫院的職員大家都很喜歡。

安倍 這算得上是佳話了。這次回來令堂也做咖哩給您吃嗎？

左古 國中畢業離開家之後，我就沒吃過媽媽做的咖哩了。最近吃的還是炙燒鰹魚、卷螺之類的下酒菜，不知自己何時已經成了典型的大叔呢。最後，您有什麼想對讀者說的話嗎？

安倍 如果真的想吃美味的四萬十料理，男人就娶個會煮菜的幡多女性當老婆就好，女人就和有會煮菜的媽媽的男生結婚就好。雖然幡多不是常常能去的地方，但一旦去了，就順便找一下結婚對象吧，這樣就能每天吃到美味的料理啦。

左古 如果找到一個耍白爛的老婆就糟啦（笑）。

安倍 幡多有美人，也有會做菜的，從年輕到妙齡，各種人才齊備。當然男性也是。我的同學還有好幾個單身呢，男男女女，任君挑選啊（笑）。

左古 可以的話，我希望婚後能住在幡多。四萬十市已經少子化又高齡化，人口只有三萬六千人。雖然不是《遲開的向日葵》[7]，但如果能將人口提升到四萬〇十人（四萬十）的話，就必須有人從外地移入，並且多生孩子。四萬十是最適合悠閒養老的地方，總有一天我們也會回去的。

安倍 這樣不錯啊。

左古 我們下次在四萬十喝一杯吧。

安倍 就這麼說定了。

7《遲開的向日葵》（《きのヒマワリ～ボクの人生、リニューアル～》）富士電視台從平成24（2012）年10月23日到12月25日播放的週二九點檔連續劇，以四萬十川周邊為舞台，描述七個年輕男女故事的青春劇集。主演是生田斗真和真木陽子。在劇中生田斗真飾演的地方振興隊隊員丈太郎，以「將人口提升為四萬〇十人」為目標而努力。

濁酒秘鄉　三原村

同行二人

可以享用以極致好米釀製的濁酒的秘鄉

三原村位在海拔一百三十公尺高的小山環抱的台地，也是幡多郡中唯一不鄰海的村落。全村幾乎是山林，流經山谷的下之加江川與其支流的沿岸散布著十三個村落，鄉間小道上多是四國遍路的休息站與遍路旅舍。不過，這裡沒有便利商店，只有少許自動販賣機。夜幕降臨後一片漆黑，月光與星光溫柔地照在夜路上。

這樣的三原村日夜溫差大，受惠於清澈河水的灌溉使其成為高知縣頂尖的米鄉，自古以來各農家使用自家種植的稻米釀製濁酒，自酒稅法實施之後便不再釀酒，直到這幾年因應坊間對「傳說中的味道」的高度期待，平成十六年十二月三原村通過「濁酒特區」的申請，濁酒重現江湖。現在有七間農家食堂與民宿販售自家種的米釀成的濁酒。每一間的風味各有千秋，不妨試飲比較，找出您喜歡的口味，也不失為一種樂趣。

農家食堂「津野」川平鄉

老闆娘津野壽美子經營的「津野」，主要供應季節時蔬製成的天婦羅，以及使用當地出產的山珍河鮮烹煮的家常菜，讓人百吃不厭。春天吃得到土川七、竹筍、楤芽與香菇；夏天是自家栽種的當令蔬果；秋天則有山藥與零餘子；冬天則有番薯等食材製作的菜肴。

這裡的招牌濁酒「川平鄉」是甘口酒款，入口柔順，香氣自然，不會搶走料理的風采。適合剛入門濁酒的人，冬季天冷時兌入相同比例的水與砂糖煮成甜酒也很好喝。

不干擾料理滋味的自然酒香，口感溫潤的「川平鄉」。

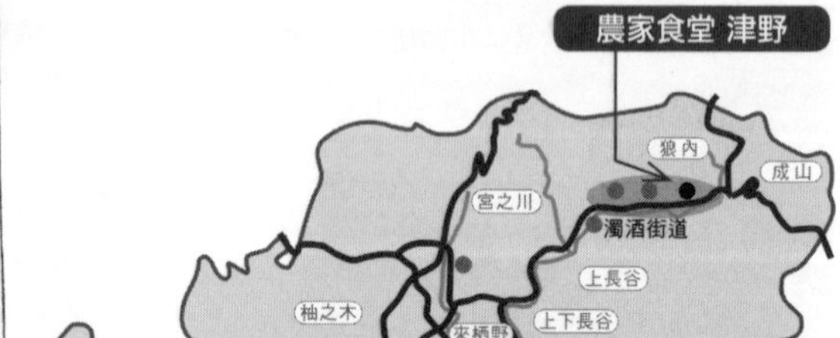

農家食堂 津野

地址：高知縣幡多郡三原村狼內157／電話：0880-46-2018／營業時間：上午九點～下午六點／休息日：不固定，需要訂位

農家餐廳「阿今」茶花女的傳說

農家餐廳「阿今」位於地勢稍高的平台，可以一望遼闊的田野以及被稱為「濁酒街道」的道路，擁有地利之便。老闆娘今西美穗溫暖的笑容與體貼的舉止，讓客人賓至如歸。店裡的拿手菜是使用自家栽種的季節時蔬烹製的散壽司、烤山豬肋排、炸肉餅等創意料理，都是山中人家吃得到的口味。

「茶花女的傳說」雖為甘口酒款，但入口帶辛味，甘辛完美融合。酒如其名，散發淡淡的水果香氣。

甘味與辛味完美融合，入口柔和的「茶花女的傳說」。

農家餐廳 阿今

地址：高知縣幡多郡三原村上長谷884-1／電話：0880-46-2050／營業時間：上午九點～下午六點／休息日：不固定（冬天不休息），需要訂位

農家食堂「青空屋」元代

經營者齊藤夫婦將餐廳取名為「青空屋」，希望客人能在藍天下喝著店裡自釀的招牌濁酒。可以在店內享用老闆娘烹製的菜肴搭配美酒，也可以在戶外喝上一杯，別有風情。料理都是使用自家栽種的蔬菜和老闆捕獲的山珍河鮮，每道菜都相當美味。

「元代」飄散著淡淡的酒麴香氣，含在口中先飄逸出甘味，再慢慢轉化成辛味。此外，本店也以傳統品種的米釀造出紅色的濁酒，販賣喜氣洋洋的紅白禮盒。

甜度適中，入口清爽的「元代」。

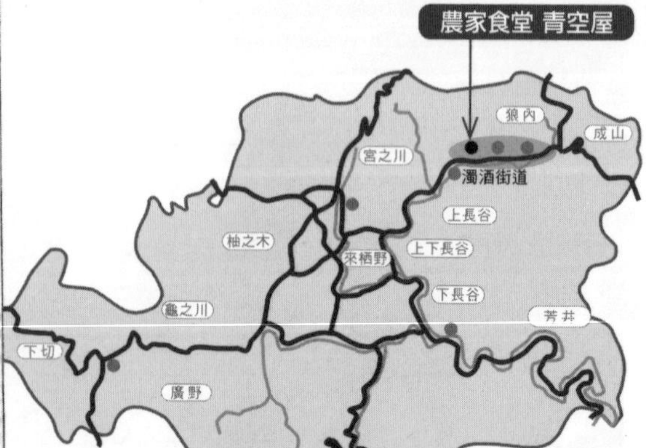

農家食堂 青空屋

地址：高知縣幡多郡三原村上長谷1201／電話：0880-46-2830／營業時間：上午八點～晚上八點／休息日：不固定，需要訂位

農家食堂・民宿「風車」

富㐂

池本夫婦經營的「風車」是遍路旅人經營光顧的餐廳，也經營一天限定一組客人的包棟民宿。店裡除了供餐外，也販售使用濁酒製作的糕餅，很受歡迎。民宿裡有附地爐的餐廳，吃得到當地現採山蔬，以及自山中河裡捕捉的野味烹製而成的燉菜與燒烤。

如果想在地爐旁坐享美食，不妨住上一晚，悠閒地度過美好的山林之夜。

「富㐂」是果香明顯的甘口酒款，口感清爽自然。

「富㐂」是甘口酒款，口感清爽順口。

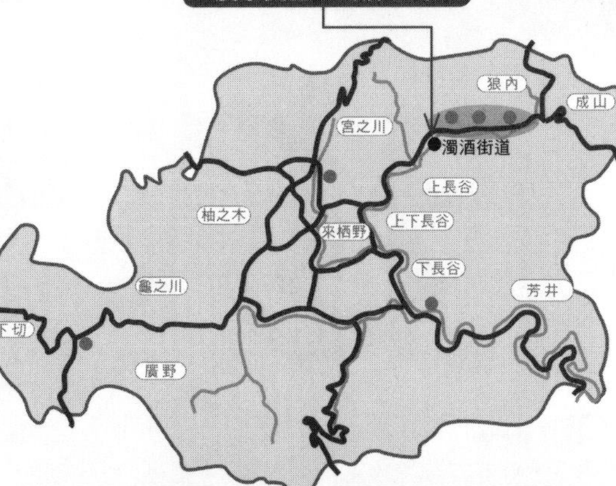

農家食堂・民宿 風車

地址：高知縣幡多郡三原村上長谷52-4／電話：0880-46-3666／營業時間：早上八點～晚上八點／休息日：不固定，需要訂位

農家食堂・民宿「森本圓」

桂

在老闆娘森本文用心兼營的農家食堂兼民宿「森本圓」裡，可以嚐到以山蔬野菜與自家菜園栽種的蔬菜烹製的菜肴，其中有深受好評的蛋料理。店裡使用放山雞每天早上生產的新鮮雞蛋，在剛以土鍋炊煮好的熱騰騰米飯上打一顆生蛋更是美味，選用甘甜的三原米堪稱絕配。此外，蛋包飯上淋上自製肉醬也是極品。

「桂」是接近辛口的日本酒款，剛入口是甘味，辛味隨之而來。本書介紹的七間釀造濁酒的農家中，這支的辛口度最高。

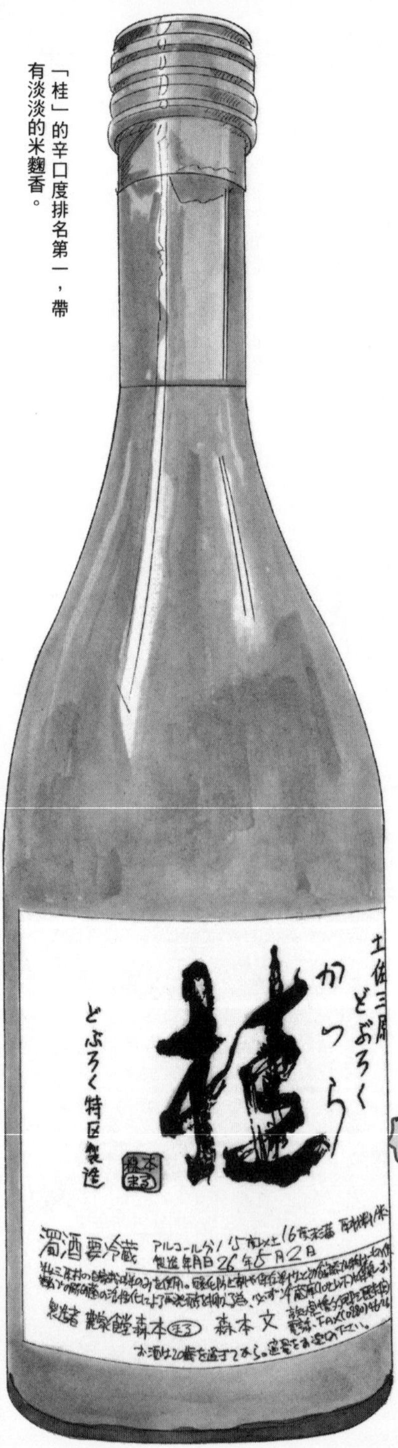

「桂」的辛口度排名第一，帶有淡淡的米麴香。

農家食堂・民宿 森本圓

農家食堂・民宿 森本圓

地址：高知縣幡多郡三原村宮之川514／電話：0880-46-2622／營業時間：上午七點半～下午六點／休息日：不固定（冬天不休息），需要訂位

農家喫茶・民宿「黑兔」溢雪

在東夫婦經營的農家喫茶與民宿「黑兔」裡，品嚐得到以當地出產的山珍河鮮烹製的菜肴，以及老闆個人興趣磯釣釣來的海味。老闆娘的拿手菜口味素樸細緻，與店裡自釀的濁酒「溢雪」很相搭。如果想好好大飽口福，不妨住上一晚，讓身心放鬆。因應客人需求與季節不同，也可以選擇在戶外的ＢＢＱ區用餐，喜歡徜徉大自然的人不容錯過。

「溢雪」是爽口俐落的辛口酒款，一如其名，入口即令人滿「溢」出笑容。

酸味與辛味慢慢在口中擴散開來的「溢雪」。

農家咖啡店・民宿 黑兔

狼內
成山
宮之川
濁酒街道
上長谷
柚之木
來栖野
上下長谷
下長谷
芳井
龜之川
下切
廣野

農家喫茶・民宿 黑兔

地址：高知縣幡多郡三原村下長谷1110-1／電話：0880-46-2505／營業時間：上午九點～下午五點／休息日：不固定，需要訂位

農家食堂・民宿「NOKO」源流

宮川園子用心經營的農家食堂兼民宿「NOKO」不只供應美味菜肴，還給人宛如回到家的放鬆與舒適感。晚餐有絨螯蟹與河蝦等河鮮，以及以山蔬烹製的燉菜、涼拌菜與炸物，相當豐富。此外，還有老闆的窯烤披薩。早餐則提供老闆兒子的豆腐店新鮮製作的豆腐，以及宣稱「不用配菜就好吃」的釜炊美味三原米。

「源流」入口時辛辣帶有甘味，提引出後段的果香。

「源流」在本書介紹的七支農家釀造的濁酒中，甘辛味介於中間。

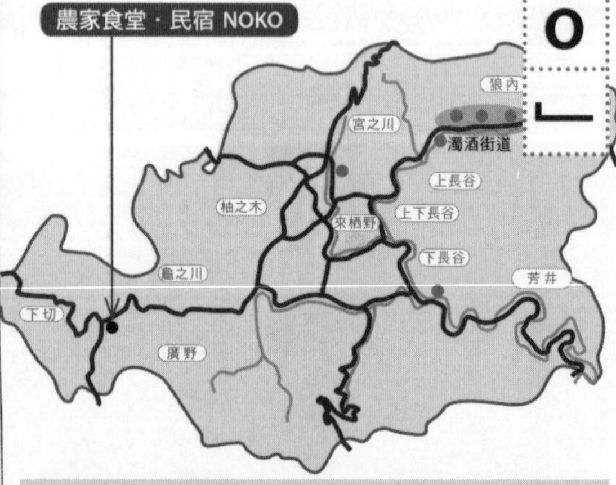

農家食堂・民宿 NOKO
地址：高知縣幡多郡三原村下切576／電話：0880-46-2149／營業時間：上午八點～下午六點／休息日：不固定，需要訂位

土佐清水市的
鮮魚料理

不僅有新鮮的海魚，還是可以飽嚐B級美食的港町

說到土佐清水市這個地方，以四國最南端突出海面的足摺岬聞名。因黑潮流經形成優良的漁場，即使在漁業興盛的高知縣，此地仍是漁獲量數一數二的漁港。

這個充滿活力的漁港，捕獲全日本佔八成的柴魚片原料宗田鰹，以及各式各樣的魚蝦蟹貝。其中最有名的是漁夫在足摺岬岩礁海域的漁場裡一隻隻釣上來的大隻胡麻鯖魚，打造成高級魚種品牌「清水鯖魚」，足以與知名的「關鯖魚」匹敵。

除了海鮮，在這座小鎮還吃得到當地獨有的B級美食：薄片燒——將麵餅在鍋上推薄，撒上柴魚粉與青海苔，加入切成丁的魚板和蔥，最後打顆蛋即完成，被視為當地的「靈魂食物」。看起來像是薄的御好燒，可以淋上「辛口」、「甘口」與「醬油」等不同口味的醬汁，別有一番滋味。

在本地可以吃到的「清水鯖魚」與「炙燒海鰻」

「清水鯖魚」的生魚片Q彈帶有嚼勁，爽口不膩，完全顛覆鯖魚脂腴豐富的既定印象。

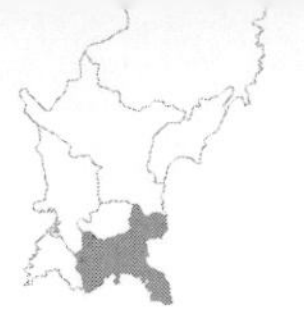

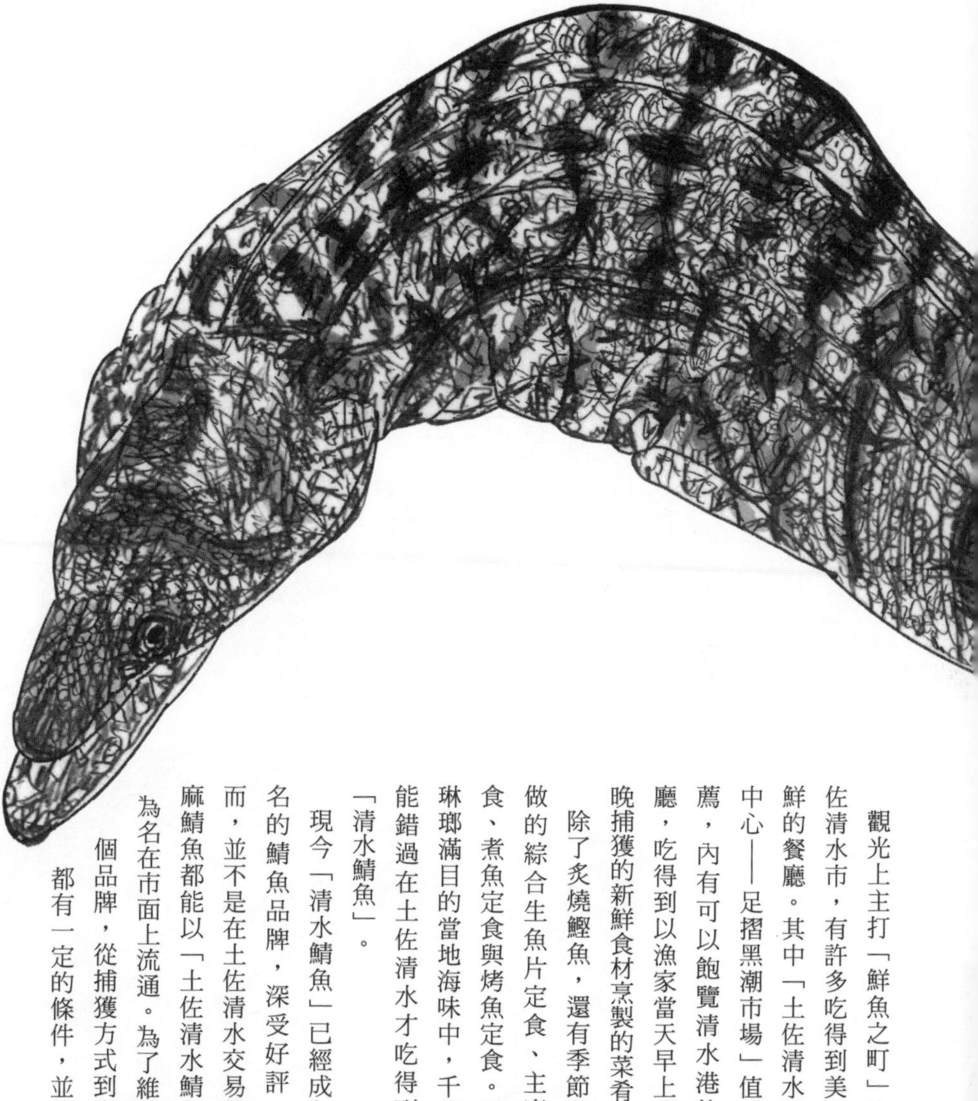

觀光上主打「鮮魚之町」的土佐清水市，有許多吃得到美味海鮮的餐廳。其中「土佐清水漁業中心——足摺黑潮市場」值得推薦，內有可以飽覽清水港的餐廳，吃得到以漁家當天早上或傍晚捕獲的新鮮食材烹製的菜肴。

除了炙燒鰹魚，還有季節魚鮮做的綜合生魚片定食、主廚定食、煮魚定食與烤魚定食。這些琳瑯滿目的當地海味中，千萬不能錯過在土佐清水才吃得到的「清水鯖魚」。

現今「清水鯖魚」已經成為知名的鯖魚品牌，深受好評，然而，並不是在土佐清水交易的胡麻鯖魚都能以「土佐清水鯖魚」為名在市面上流通。為了維護這個品牌，從捕獲方式到出貨都有一定的條件，並且規定重量至少要達六百公克。

品質再好的胡麻鯖魚，只要捕釣的方式與後續處理不當，鮮度就會大打折扣。經驗豐富的漁夫深知這些細微的處理步驟，並與高知縣漁會清水統籌分所密切合作，嚴格控管品質與鮮度，才有「清水鯖魚」這個品牌。

在足摺黑潮市場吃得到以清水鯖魚做的「清水鯖魚定食」和「清水鯖魚丼」，使用的當然是通過嚴格把關的正宗鯖魚。此外，脂腴肥美的季節時也吃得到「鯖魚棒壽司」。

說到鯖魚，一般做法是以味噌煮或蘸醋食用，做成生魚片感覺會是「籤王」，不少客人懷疑真的可以嗎？其實，嚴格把關的「清水鯖魚」製成的生魚片口感Q彈富嚼勁，脂腴適中，油而不膩。吃起來高雅細緻，讓人為之改觀。

另一個推薦菜色是「炙燒海鰻」。長相猙獰如海中惡霸的海鰻，外貌醜陋容易讓人以為不可口，實際上有著清雅細緻的淡白肉色與口感，在高知自古以來就是滋補與美容聖品。做法是炙燒或裹粉油炸。

這裡的銷售業務負責人兼松友人說：「海鰻皮富含膠原蛋白，深受女性客人喜愛。」炙燒鰻魚不只愛美的女性喜歡吃，也是本地的傳統菜肴，在地漁夫認可的隱藏版美食。

海鰻為細緻的白肉，口感上等。富含膠原蛋白，具美容功效。

土佐清水漁會中心　足摺黑潮市場
地址：高知縣土佐清水市清水932番地5／電話：0880-83-0151／營業時間：上午八點～下午四點半（商店）、上午十一點～下午兩點（餐廳）／休息日：全年無休（器材保養時休店）

大月町的
慢食與靈魂料理

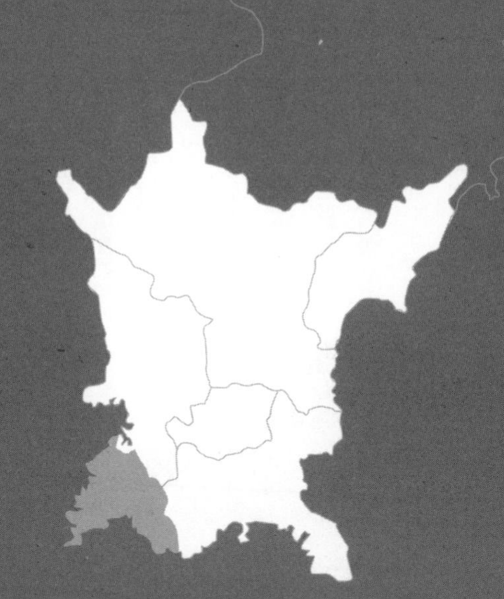

可以充分享受豐富海產的慢活城鎮

棲息於四萬十川的魚種因全國最多而聞名，其中又以黑潮和豐後水道交匯的大月町一帶海域，海水魚種類全國第一。目前已知的魚種近一千種，是來自全國各地想釣到瓜子鱲、條石鯛等大魚的釣客口中的海釣聖地，也是以珊瑚礁魚類為目標的潛水客心嚮神往的潛點。當然，漁業也相當興盛，來這裡的民宿和餐廳，可以品嚐到以鰤魚、竹筴魚、鯛魚和小鮑魚等天然食材做成的料理，以及烏賊的一夜干。

養殖漁業也很盛行，在大月町西南端柏島的海灣上並排著狹窄的真鯛、紅甘和黑鮪魚的養殖魚池。此外，鄰近柏島的古滿目地區在昭和四〇年代上半盛產鰤魚，至今仍有一年一百噸的漁獲量，在這裡可以

吃到鰤魚切片夾醋飯，一種稱做「箆壽司」的鄉土料理。這種觀光客難以一嚐的古滿目海味，近來在高速公路休息站就能吃到。

「東山」與「鰤魚篦壽司」

在農業與漁業興盛的大月町，「東山」和「鰤魚篦壽司」是當地美食。「東山」是番薯乾，漢字寫做「干菓子山」，也就是由山珍製成的蜜餞零食，在當地自古以來是每逢冬季就會製作的點心，也是可以長期保存的乾貨。

「東山」主要由龍迫、頭集等面向宿毛灣的小村落所製作。龍迫鄰近海岸的梯田上種植著名為「紅隼人」的高甜度番薯，紅隼人在秋天收成後，先靜置二至三週，乾燥，除去水分，引出甜味。等到番薯乾燥得差不多後，再仔細地二次剝皮，去除浮沫。放入大窯裡炊煮四個小時左右，小心地逐一取出，避免番薯破碎變形，再以菜刀切整成一定的大小，整齊地排進專用的曬籃中。接著放到能吹到海風的曬架上，花上十天到兩週的時間慢慢風乾。經過這些程序後，番薯的甜味會更上一層。據說這種全天然的製法，只有在冬季陽光和煦、西北季風吹拂的當地才辦得到，和其他地方出產的味道截然不同。

將如此費工所製成的「東山」含入口中，牙齒會感受到牛奶糖般的黏糯口感，彷彿就要融化的甜味在口中擴散開來。完全不使用砂糖或添加物，只用番薯和水製成的「東山」是手工與自然的力量透過味道的展現，可以說是極致的慢食。

剛炊煮過的「東山」稍微放冷後，用菜刀切成一定的大小。

溫暖的陽光與寒冷的西北季風，蘊育出「東山」的甘甜滋味。

「鰤魚篦壽司」是古滿目這個小小的海岸聚落代代相傳的當地料理，將油脂豐厚的天然鰤魚切片後，以柚子醋醃漬調味，夾著稍帶甜味的醋飯吃，是豪華的鄉村壽司。「篦」指的是過去編織漁網時，用來調整網孔大小，使其均一的竹製工具，因為形狀相似，當地便稱這種壽司叫做「鰤魚篦壽司」。此外，柏島有一種鰤魚壽司叫做「緣壽司」，是將生魚片放於中央，外緣兩側再加上醋飯而得名。儘管名稱不同，兩種壽司的鰤魚片都切得很厚，肉質柔軟，和醋飯之間的調味剛剛好。一口咬下，鰤魚的油脂和柚子的香氣在口中擴散開來，讓人忍不住大呼：「啊，好吃！」

來到大月町，一定要品嚐「東山」和「鰤魚篦壽司」。不過這兩者都是季節性商品，很可惜不是一整年都吃得到，但是在高速公路休息站「交流公園・大月」可以買到。「東山」是十一月下旬開始販售，賣完為止；「鰤魚篦壽司」則是十月到隔年五月的每週三、六販售。

「鰤魚篦壽司」是以油脂豐厚的厚切鰤魚片夾醋飯的豪華珍品。

大月高速公路休息站「交流公園・大月」
地址：高知縣幡多郡大月町弘見2610番地／電話：0880-73-1610／營業時間：上午八點半～下午五點／休息日：一月一日、一月二日

第117夜◎炸丁香魚

高知縣西邊
有個叫做宿毛的地方。
我有個老朋友在那裡當漁夫。
盛產丁香魚的時候
他會送好多來。
這銀色小魚是在近海捕獲，
跟「公魚」很像。

可以生吃、鹽烤、做天婦羅等等，我最喜歡用炸的。

丁香魚不用去內臟，只要裹一點麵包粉油炸就可以了。

久等啦，炸丁香魚。

嗯?!好吃。
我第一次吃，很不錯呢。

是吧?!

沒有公魚那種苦味。

小小一條，不管多少都吃得下。

老闆，再來一份。

♪
啊？不好意思。

喂，不會又要吃霸王飯了吧？

不會啦。我有在改了。

啊，喂……
嘿嘿。

不愧是游得很快的丁香魚，評價很好，我都推薦給來店裡的客人……

沙

沙

在鹿兒島丁香魚是吃生的，但炸的也不錯呢。

老闆，怎麼有這個？

我朋友在土佐打魚……

喀啦

打攪了。

嘿，被認出來啦。我娶了年輕老婆，帶她來炫耀的啦！
初次見面，我是昌美。

?!
你是阿山吧？幹嘛裝成這樣。

送丁香魚來的就是這傢伙。

感謝捧場！我是阿山！

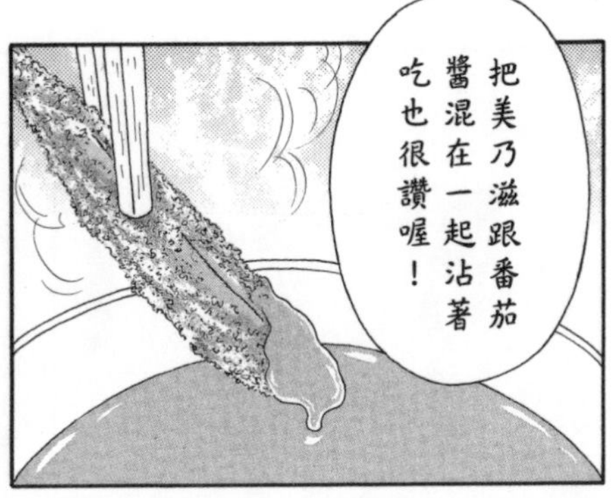
把美乃滋跟番茄醬混在一起沾著吃也很讚喔！

這也不錯。
嗯。

小姐們，丁香魚怎麼樣啊？

非常好吃。
真的。
感謝招待。

還想吃更多好吃的東西的話，就到宿毛來吧！
東西好吃，單身男人也很多。
嗯，很多。

！
！
！

宿毛在哪裡啊？

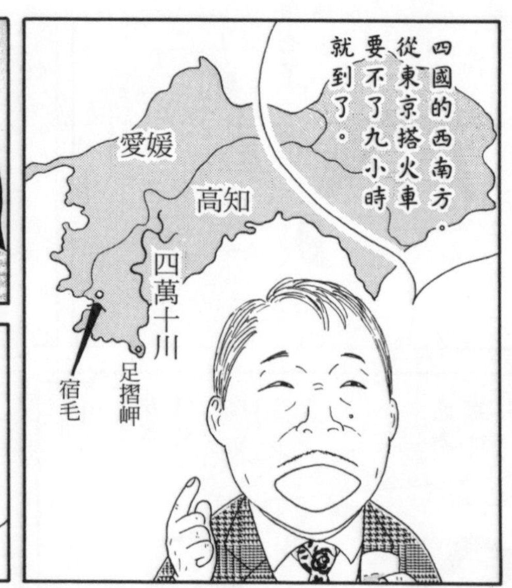
四國的西南方。從東京搭火車要不了九小時就到了。
愛媛
高知
四萬十川
宿毛
足摺岬

九小時？
好遠！

哪會，可以搭飛機，轉乘順利的話只要四個半小時。很近啦。

比上海還遠啊！
嗯。

不過，是個好地方喔！
笑ー

喔……這樣啊……

對了，阿山，你回老家了嗎？

……我打算明天回去，不知道他們肯不肯見我。我幾乎是被斷絕關係的。

……

沒問題，他們一定肯見你的。
阿山其實是東京武家後裔的少爺，年輕的時候在外面混，給家裡惹了不少麻煩，後來流浪到四國……

次日──
めしや
阿山呢？
醉了，在飯店睡覺。

母親大人和哥哥都原諒他了，他樂得猛喝酒呢。
哎……

……但是沒想到他的老家竟然是那麼氣派的家族。

母親大人、純一大哥、謙二二哥、長久以來讓你們擔心了。

這是我的妻子昌美。

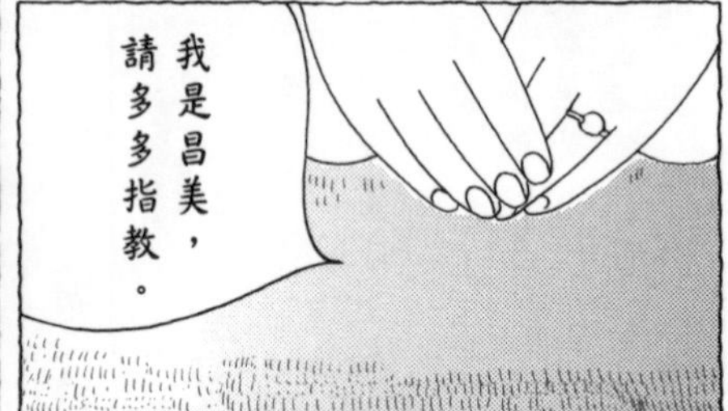
我是昌美，請多多指教。

……光輝啊，恭喜你。
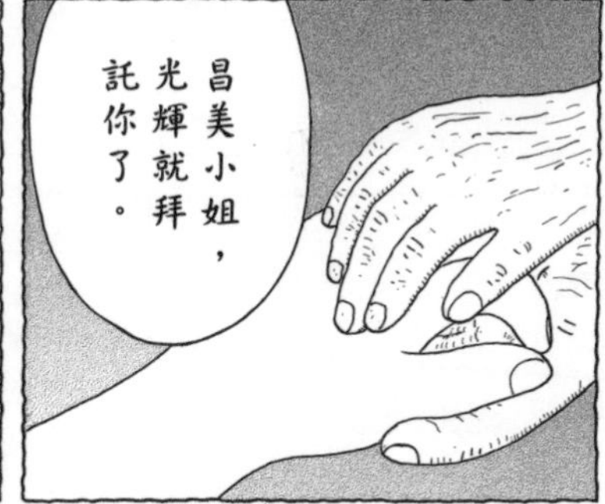
昌美小姐，光輝就拜託你了。

母親大人……
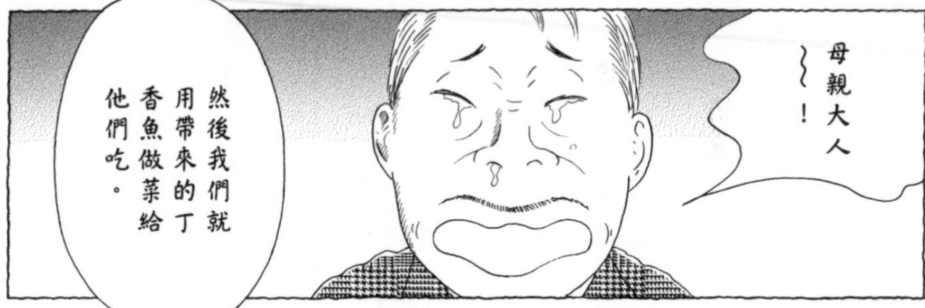
母親大人～！
然後我們就用帶來的丁香魚做菜給他們吃。

母親大人非常高興，一直說好吃……
這樣啊，太好了。

……在這裡啊。
喀啦

我醒來沒看見你，以為你不要我了～

笨蛋，哪有可能。
哈哈哈哈。

阿山，我聽昌美說了，太好了。

謝謝。終於能讓老媽安心了。

唉喲，是母親大人吧，光輝！

喂，別這樣啦。
嘿嘿。

阿山一回到宿毛，就又送了好多丁香魚來。今天就準備炸的與生吃的吧！

※出處：《深夜食堂》第9集

宿毛市的
丁香魚丼和
番薯燒酒

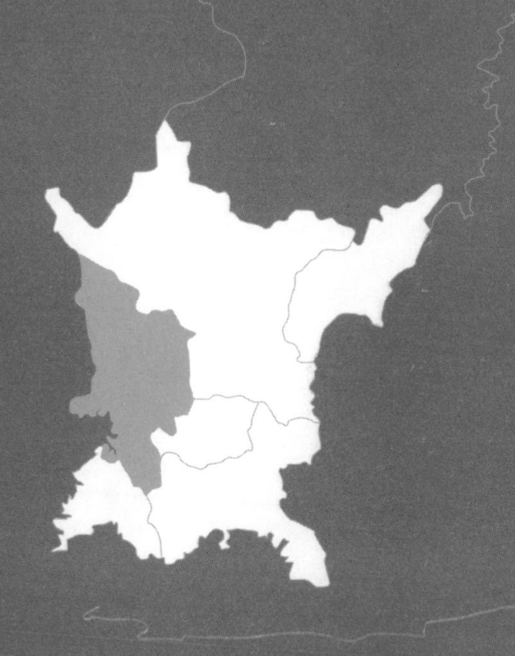

位於四國西南端，以全國少數的丁香魚高漁獲量為豪的城鎮

宿毛市是從松山或九州來幡多必經的玄關口，也是深受釣客喜愛的釣魚天堂。尤其這裡的烏毛（黑鯛）拉力據說是全國第一，吸引外地以釣技自豪的釣客前來造訪。烏毛之外，還有瓜子鱲、竹筴魚、鯛魚、梭子魚、烏賊……等，可以釣到各種漁獲。幫忙料理漁獲的民宿也很多，造訪當地時不妨入住，大啖自己釣到的魚獲也是一種趣味。

鮮為人知的是，沖島周邊是全國首屈一指的丁香魚漁場，整個宿毛灣的一年魚獲量大約是一千五百噸。將新鮮的丁香魚剖開做成生魚片最棒，用炸的、鹽烤、燉煮，或是做成乾物或醃菜也很美味。宿毛市內有許多餐廳供應新鮮度超群的丁香魚，這幾年研發出以特製醬汁醃煮丁香魚後淋在飯上的當地美食「丁香魚丼」，和宿毛灣冬季景物的代表「達摩夕陽」一起為振興城鎮貢獻了力量。

宿毛市的著名料理
絕品「丁香魚丼」

剖開的丁香魚以特製的醬油醃醬醃漬後，淋在剛煮好的白飯上，再佐以蛋黃、薑末和蔥，這就是「丁香魚丼」的基本款。蛋黃的甜味、生薑的辣味與丁香魚的美味互相融合形成巧妙的平衡，大口吃下，蔥的存在感讓滋味更上一層。味道不會太重，也不平淡，清爽中帶著高雅，很適合搭配辛口的日本酒或番薯燒酒。

現在宿毛市共有十二間餐廳供應「丁香魚丼」，各店都下了工夫，例如最早研發「丁香魚丼」的海洋度假村椰子，為了讓客人過了產季也能吃到美味的丁香

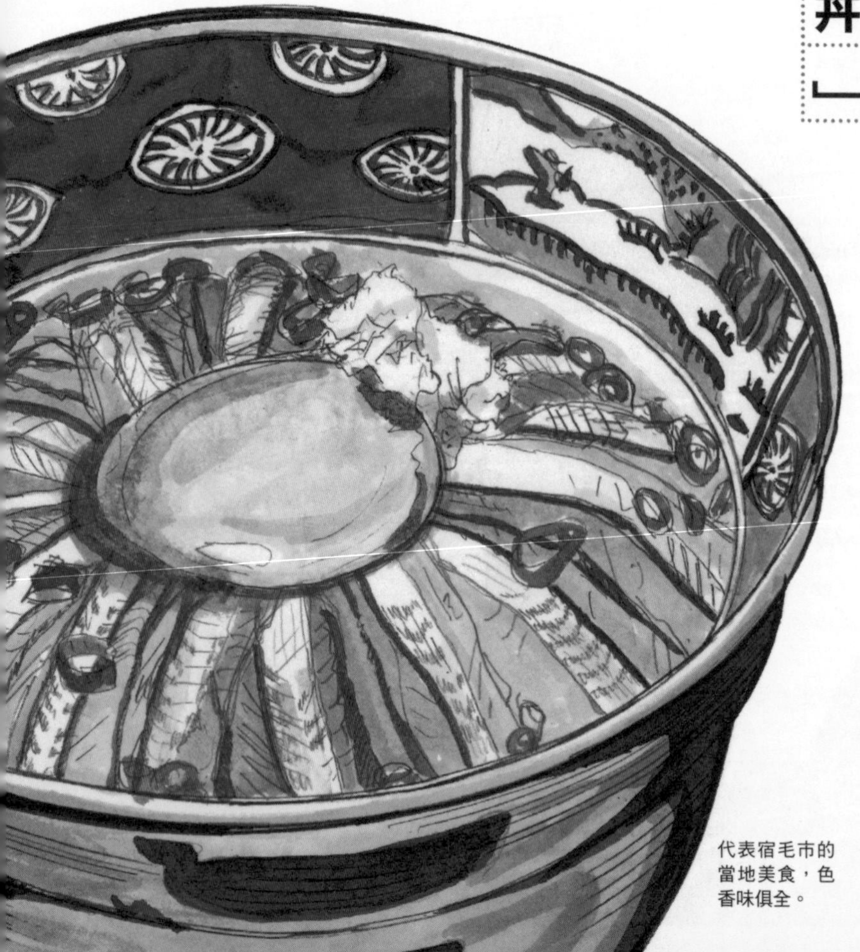

代表宿毛市的當地美食，色香味俱全。

魚，也提供裹上蛋汁油炸的丁香魚親子丼。

「丁香魚丼」雖是造訪宿毛市一定要品嚐的美食，但因為非常費工，需要細心處理，每間店都必須事先訂位。

可以吃到「丁香魚丼」的十二間店（※需要訂位）

(1)居酒屋　海呀山呀　宿毛市平田町中山852-5　電話：0880-66-0451
(2)八坂　宿毛市中央6丁目3-20　電話：0880-63-3849
(3)秋穗　宿毛市中央6丁目3-5　電話：0880-63-3023
(4)三代木　宿毛市中央2丁目6-13　電話：0880-63-2377
(5)三階本店　宿毛市中央6丁目2-2　電話：0880-63-2226
(6)家庭料理　福　宿毛市中央2丁目8-14　電話：0880-63-2712
(7)居酒屋　好味道　宿毛市中央1丁目2-25　電話：0880-63-1207
(8)秋澤飯店　宿毛市中央幸町6-43　電話：0880-63-2129
(9)松屋飯店　宿毛市宿毛5343-10　電話：0880-63-1185
(10)勝丸水產　宿毛市坂之下1023-44-5　電話：0880-63-1721
(11)海洋度假村椰子　宿毛市大島17-27　電話：0880-65-8185
(12)正喜餐廳　宿毛市中央5丁目1-14　電話：0880-63-3856

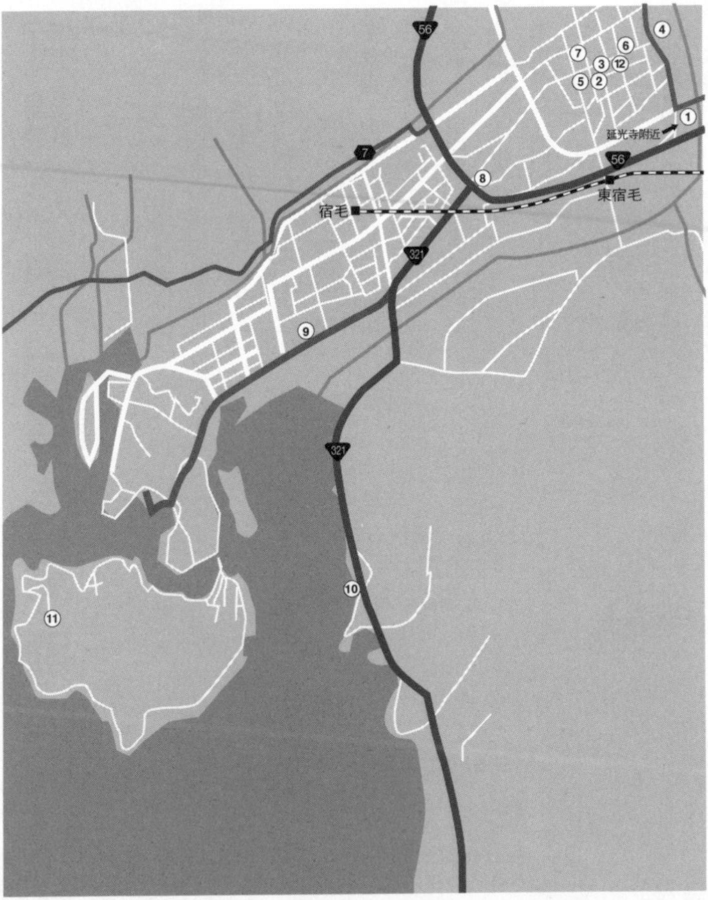

早晨採收後當日釀造的「宿毛燒酒」

魚好吃的地方一定有好酒。宿毛市當然不例外，有公認的好酒——番薯燒酒，由宿毛酒造釀製的「ZAMANI」、「宿毛之芋」、「土佐藩」即是。「ZAMANI」在幡多方言有「很」、「非常」的意思，由白麴釀製而成，口感清爽，非常好喝，適合加冰塊或純喝。

「宿毛之芋」由黑麴釀製而成，飄散著番薯特有的香氣，味道濃醇，推薦加熱水或以冷水稀釋後飲用。而「土佐藩」則是以白麴原酒為基礎，混合黑麴原酒調製而成，清爽的口感加上黑麴特有的香醇，引出濃厚的味道，適合加熱水稀釋或是加冰塊飲用。

這幾款燒酒都是以醫法山湧泉的超軟水稀釋，成功引出各自特有的味道，而宿毛酒造的番薯燒酒最大的特色是早上採收，當日釀製。以當地合作的農家清晨採收的黃金千貫（番薯）當日釀造，如此一來，新鮮番薯獨有的美味與香氣才能盡情發揮，成功引出番薯燒酒深厚的滋味。

合作的農家從清晨六點開始，採收約一噸的黃金千貫，再送至工廠。

宿毛酒造
地址：高知縣宿毛市松田町7番2號
電話：0880-63-3830

黑潮町的
正宗鰹魚

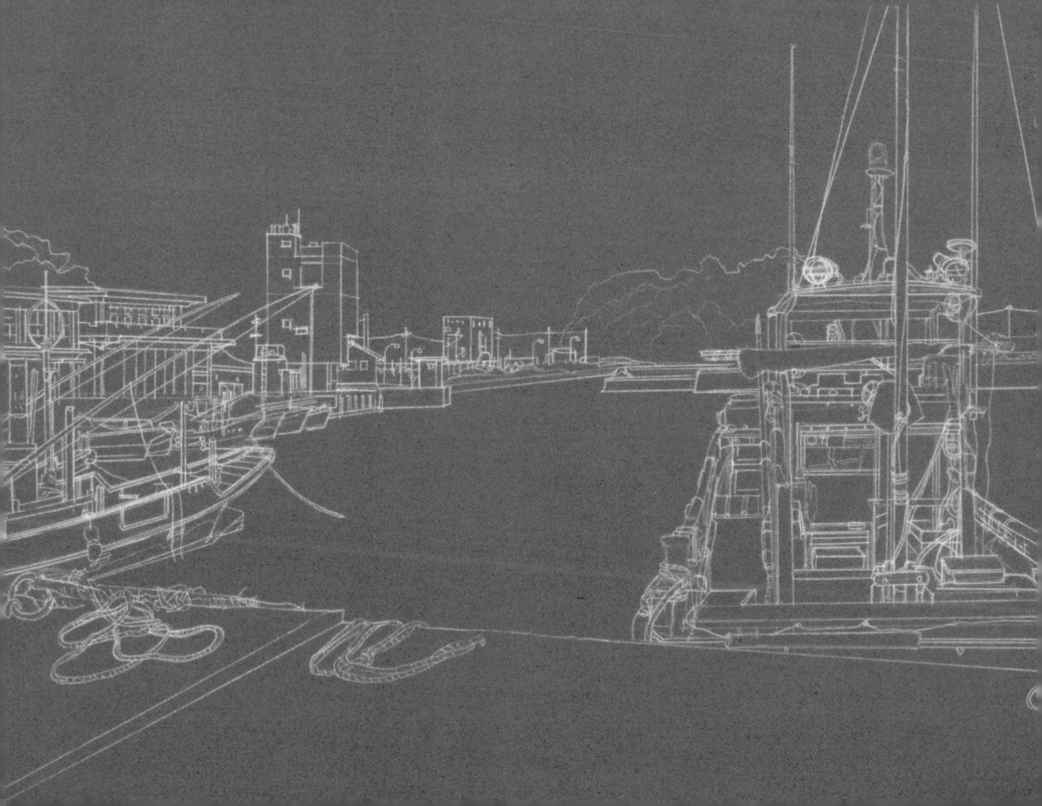

竿釣鰹魚與農業興盛、人情富足的小鎮

位於幡多郡東部的黑潮町是一個盛行鰹魚竿釣漁業、栽培水稻和菇類的小鎮。此外，近年以太陽能和風力製作的完全日曬鹽富含礦物質，也是當地的代表特產。

佐賀地區的人們自古以來辛勤地以竿釣鰹魚營生，許多餐廳都有供應在當地才吃得到的「當日現捕鰹魚」。「當日現捕鰹魚」顧名思義，是釣到後盡速送回漁港，當天現煮現吃，新鮮度超群的豪華逸品，自古就深受當地人喜愛。將活跳跳的新鮮鰹魚殺了之後以稻草炙烤，迅速切片，用手拍上日曬鹽入味，再撒上蔥，淋上醬汁。供應這種極品鹽炙鰹魚的餐廳會貼上黑潮町促進會「土佐佐賀當日現捕鰹魚」的貼紙，可以以此為目標找尋自己心儀的餐廳。

漁港城鎮才有的絕品滋味

鹽炙「當日現捕鰹魚」

午餐想吃當日現捕鰹魚的話，推薦佐賀漁港旁的「黑潮一番館」，這是由對魚類非常了解的漁民媽媽們所經營的交流中心，可以用餐並體驗製作炙燒鰹魚。

展現當日現捕鰹魚本身美味的「炙燒鰹魚定食」、「鰹魚生魚片定食」、「鰹魚可樂餅」、「炙燒鰹魚丼」、「漬鰹魚美乃滋丼」等眾多料理都能在這裡吃到。炙燒鰹魚口感很有嚼勁，好吃得令人感動，此外定食裡也有使用當季蔬菜做成的醃漬物、油炸和燉菜等媽媽的味道，完美得

鰹魚交流中心 黑潮一番館
地址：高知縣幡多郡黑潮町佐賀374-9／電話：0880-55-3680／營業時間：上午十一點～下午三點／休息日：週二（國定假日營業）

「當日現捕鰹魚」的絕品鹽炙。

以稻草燻製，香味四溢。

令人妒忌。

初次造訪一定會猶豫要吃什麼，不妨就選擇最受歡迎的「炙燒鰹魚定食」。

「當日現捕鰹魚的口感很好喔。新鮮的吃起來舌頭會刺刺的，在我們這裡存放幾個小時，等到彈性剛剛好、最美味的時候上菜。」館長濱町千佳子說。

在飯上放兩三片鰹魚生魚片，再淋上熱水，最後以這道「鰹魚湯澆飯」收尾是土佐佐賀風。這最早是在船上吃的漁民料理，有著與單吃鰹魚不一樣的美味，讓人一吃就停不下來，大口扒進口中。

「炙燒鰹魚漢堡」與「土佐地雞生蛋拌飯」

以漢堡的形式讓人輕鬆吃到炙燒鰹魚，「炙燒鰹魚漢堡」是黑潮町的著名料理。

這個當地輕食最早來自黑潮町大方高中的一堂課程，名為「自律創造型地域課題解決學習」，之後漢堡麵包和醬汁經過改良，現在在「高速公路休息站BIOS大方　日向屋食堂」販賣。以漢堡麵包夾炙燒鰹魚容易讓人擔心味道腥臭，但紫蘇葉和番茄發揮了抑制作用，展現超乎預期的美味。湊近一聞，漢堡麵包裡摻著柴魚片，鰹魚也跟著散發淡淡的柴魚香氣，不會油膩，味道很清爽。

日向屋食堂位於入野松原的一角，能一眼眺望土佐灣，常讓人以為是以鰹魚等當地捕獲的魚類料理而自豪的店家，其實自創業以來，日向屋食堂每天以柴火灶炊煮的白飯更是深受好評。米是用大方橘川聚落種植的中山間地米，由爐灶職人一邊調整火勢，一邊添加柴薪，長時間慢慢炊煮而成。花費工夫煮出來的米飯鬆軟，直接吃就好吃，但打一顆土佐地雞的生雞蛋，再淋上一圈生蛋拌飯專用的特製醬油，大口吃才是最棒的。土佐地雞的蛋雖然比一

漢堡麵包也很講究的炙燒鰹魚漢堡。

般的雞蛋小，但風味濃醇，超出一般對「生蛋拌飯」的想像，出人意料的好味道。

廚師專用的特製醬油賦予土佐地雞生蛋拌飯極品的味道。

灶煮的白飯，多的時候一天可以煮到三斗（一升的三十倍）。

高速公路休息站BIOS大方　日向屋食堂
住址：高知縣幡多郡黑潮町浮鞭953-1／電話：0880-43-3113／營業時間：上午八點～上午十點五十分（早餐）；上午十一點～下午五點（午餐，最後點餐時間為下午四點半）／休息日：終年無休

高知縣土產店
「高知美食市集」

四萬十川流經的幡多地方因善用豐富的天然資源，自古就有許多「美味」。不只是幡多地方，高知縣內也有很多鮮為人知的靈魂料理和當地美食。搜羅各式「美味」來販售，讓大家都能吃到，這就是「高知美食市集」。

「踏實米勒餅乾」是懷念的好味道。

當下酒菜很好，撒在飯上也美味的「萬能配菜薑」。

滿滿都是高知美味的「土佐市」

高知縣土產店「高知美食市集」位於東京銀座，不只販賣高知特產，供應料理，也提供當地文化和觀光資訊等，傳達完整的高知魅力。

該店各層樓分類齊全，地下一樓是販售各種當地酒和工藝品的「土佐藏」，一樓是滿滿高知美味的「土佐市」，位於二樓的餐廳「TOSA DINING 人客來」則供應從傳統土佐料理到活用高知食材的新創料理。

一樓「土佐市」陳列著各式各樣的土佐特產，其中又以「萬能配菜薑」最暢銷。這個商品可以直接當下酒菜食用，撒在飯上也美味，更

將番薯用植物油炸得香脆的高知名產「鹽味番薯酥條」。

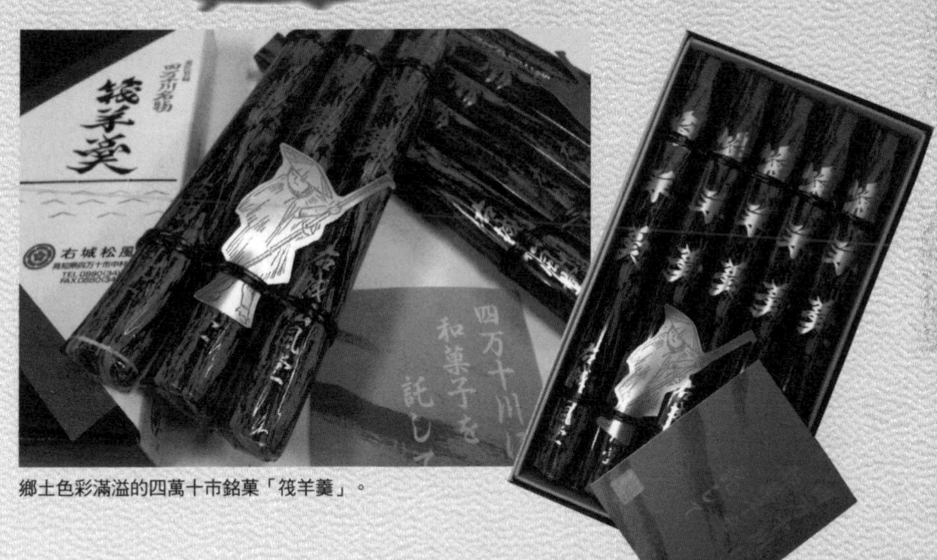

鄉土色彩滿溢的四萬十市銘菓「筏羊羹」。

可以做為各種料理的提味，食用方法隨心所欲，是名符其實的萬能商品，讓人心服口服的暢銷冠軍。此外，零食類也很受歡迎，暢銷榜第二名是「踏實米勒餅乾」，「鹽味番薯酥條」則緊追在後是第三名。撒上天然日曬鹽的米勒餅乾，微甜中帶點鹽味，這樣讓人懷念的滋味吃一口就停不下來。

說到零食，模仿竹筏造型的「筏羊羹」也很受歡迎。以前四萬十川有以竹筏搬運木材的風俗，「筏羊羹」正是用來寄託對過往的鄉愁，鄉土色彩滿溢的四萬十市銘菓。在四萬十川採集的青海苔和石蓴海苔也是人氣商品。其他幡多地方的高人氣商品首推土佐清水市的「宗田節高湯輕鬆取」和「宗田節萬能高湯粉」，兩者都是能讓料理的美味更上一層的優良調味料。

「清流四萬十川的川石蓴海苔」(左)、「清流四萬十川的青海苔粉」(中)和「四萬十川的青海苔原藻」(右)。

將「宗田節高湯輕鬆取」加入醬油就成了宗田鰹風味醬油。

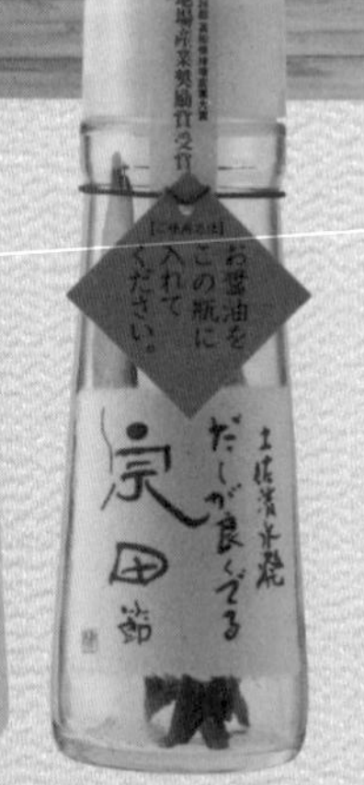

加入一點就能提升料理層次的「宗田節萬能高湯粉」。

看似突兀的組合，卻是最投愛酒人士喜好的一道菜：醃漬魚內臟起司披薩佐蜂蜜。

提供19支土佐酒和燒酒做為佐餐選擇。

土佐的代表料理「稻燒鹽炙鰹魚」。

能夠充分品嚐傳統料理與新土佐料理的「人客來」

土佐人把酒席稱做「人客來」，每逢喜慶和祭典就會招呼親朋好友舉辦「人客來」。位於「高知美食市集」二樓的餐廳「TOSA DINING 人客來」是傳遞高知縣民「想要將海裡、河裡、山裡、田裡真正的美味讓東京的人們吃得夠！」這樣心意的休閒餐廳。

供應的料理從傳統土佐料理到活用高知食材、不拘中西形式的新創料理應有盡有，可以搭配十九支土佐酒（含燒酒）和世界各地的紅酒一起享用。晚餐的人氣料理有「稻燒鹽炙鰹魚」和新

沒有雞肉特有的腥臭，肉質很有嚼勁的「四萬十燻雞」。

「炸海鱔塊」深受女性歡迎。

將自四萬十川採集的青海苔炸得爽脆的「四萬十青海苔天婦羅」，沾少許鹽一口咬下，滿嘴香氣擴散。

高知才吃得到的「金平土川七」。

鮮度超群的綜合生魚片「高知直送嚴選生魚片三貫」、「醃漬魚內臟起司披薩佐蜂蜜」。此外，還有「四萬十青海苔天婦羅」、「炸海鱔塊」、「四萬十燻雞」、「炙燒茄子」等下酒菜，搭配土佐獨有的辛口日本酒一起吃，美味得無可挑剔。至於午餐時段，可以享受週末及例假日才供應的特製皿鉢料理「人客來名物！貪吃迷你皿鉢」（平日需預約）。

若居住在東京近郊，幡多也許太遠不易成行，但銀座的話，下班就能造訪。如果想嚐嚐《四萬十食堂》的味道，就隨時前去吧。

大白天就讓人開始喝起酒來的「人客來名物！貪吃迷你皿鉢」。

高知美食市集

地址：東京都中央區銀座1-3-13 Reeplex銀座塔

‧地下一樓「土佐藏」／一樓「土佐市」

電話：03-3538-4365／營業時間：上午十點半～晚上八點／休息日：年末年初

‧二樓「TOSA DINING 人客來」

電話：03-3538-4351／營業時間：〔平日〕上午十一點半～下午三點（最後點餐時間為下午兩點半）、下午五點半～晚上十一點（最後點餐時間為晚上十點，飲料最後點餐時間為晚上十點半）；〔週末及國定假日〕上午十一點半～下午三點半（最後點餐時間為下午三點）、下午五點半～晚上十點（最後點餐時間為晚上九點，飲料最後點餐時間為晚上九點半）／休息日：年末年初

特別好吃！通販指南

想造訪「四萬十食堂」卻沒辦法馬上成行，或是去過四萬十後忘不了當地的美食，對於這樣的人，網路購物很方便。只要連上「四萬十大全 HATAMO～RA」網站，以幡多餐桌不可缺少的美味為起點，各種商品都能輕鬆購得。

四萬十謹製茶泡飯用佃煮（木盒裝）

以四萬十傳統捕漁法捕獲的天然鰻魚和杜父魚，加入特製醬汁醬油仔細炊煮的茶泡飯用高級佃煮。天然鰻魚茶泡飯用佃煮80公克、天然杜父魚茶泡飯用佃煮90公克。

四萬十的海味
川海苔佃煮 六罐組

以在四萬十川採收的石蓴海苔（海萵苣）為原料，不含防腐劑、化學調味料，久煮入味的海苔佃煮罐頭禮盒。經典醬油味、加入青紫蘇籽的紫蘇風味、柴魚風味，豐富滋味一次品嚐。150公克×2瓶、140公克×2瓶、140公克×2瓶。

四萬十川的青海苔‧
四萬十川的石蓴海苔組

色香味都堪稱日本第一的四萬十川天然海苔乾，與厚片且香氣濃郁、富含礦物質的青海苔組。川海苔原藻12公克×5包、石蓴海苔原藻10公克×5包。（※因應季節時有缺貨）

四萬十大宮米

標高150公尺的山麓地帶，四萬十屈指可數的稻米產地大宮地區，在乾淨的水源與充分的日曬下精心栽培，安心又安全的品牌米。大宮米3公斤、5公斤、10公斤（5公斤×2）。

稻草炙燒鰹魚組（附醬汁）

在以竿釣鰹魚聞名的土佐佐賀製作的傳統竿釣稻草炙燒鰹魚。炙燒鰹魚2塊組（約650公克）、3塊組（約1公斤）。

產地直送！
高知‧四萬十的絕品美味

四萬十大全 HATAMO~RA

〒787-0668 高知縣四萬十市荒川1039-6
電話：0880-37-2236　傳真：0880-34-9070

http://www.40010.com

facebook.com/Marugoto.Hatamora/

四万十まるごと・はたも～ら　搜尋

純米吟釀 四萬十之風

富含土佐酒特有的清爽味道，如水般暢快入喉的辛口酒。猶如酒名賦予的印象，像股清涼的風流過口中。720毫升／1800毫升。

純米大吟釀 藤娘古酒

與平成十五年全國新酒評鑑會上獲得金獎的清酒同期釀製的酒。濃醇淡香是其特徵。1800毫升。

純米大吟釀 藤娘壽壺

由日本傳統以來適合釀酒的雄町米精製作至純度50%，香氣濃厚，生純酒的瓶裝逸品。1800毫升。

宿毛燒酒 三瓶組

以醫法山天然水（超軟水）稀釋的「早晨採收，當日釀造」的宿毛燒酒3瓶組。麴米完全使用國產米，宿毛之芋（黑麴）720毫升×1瓶、ZAMANI（白麴）720毫升×1瓶、土佐藩（白、黑混合）720毫升×1瓶。

三原村濁酒 七瓶組

由濁酒特區三原村七間農家各自釀造的自信之作，可以評比味道的7瓶裝禮盒。川平鄉180毫升×1瓶、桂180毫升×1瓶、源流180毫升×1瓶、茶花女的傳說180毫升×1瓶、元代180毫升×1瓶、富壵180毫升×1瓶、溢雪180毫升×1瓶。（※商品送達有可能延遲）

鰤魚篋壽司組

將在大月町捕獲的油脂適中的鰤魚切片後，加上微甜的醋飯而成的豪華鄉土料理。柚子的香味、鰤魚的美味和醋飯形成絕妙的平衡。鰤魚篋壽司2份（6貫×2）。

四萬十河原茶

法國茶商坦頓・史蒂芬以四萬十的河原茶、煎茶、香草茶、柚子皮、生薑等製成的原創風味茶，主張以「眼、鼻、口」享用的新種類茶品。四萬十河原茶／1盒30公克。

我家的高湯 三瓶組

只要在瓶中倒入醬油，融入魚高湯的原創醬汁就完成了。可以試試鰹魚、香魚、目近（宗田鰹）等不同風味。鰹魚高湯／1瓶（柴魚厚切片20公克）、香魚高湯／1瓶（烤香魚一尾）、宗田鰹高湯／1瓶（宗田鰹削塊25克）。

結語

安倍夜郎

我出身於高知縣中村市，那在所謂的平成大合併時被改成了四萬十市。不知道為什麼。

四萬十川本來是一級河流「渡川」的別稱。在媒體上出名之後，連城鎮的名字都改了，附近還出現一個叫做四萬十町的地方。現在高知縣既有四萬十市，又有四萬十町，真是很混亂且不智啊。

四萬十這個名字只要用在四萬十川上就夠了，我真心這麼認為。畫蛇添足並不好。本地人現在仍叫中村為中村，也仍叫窪川為窪川。

這次跟我合著的左古先生也是中村人。後來我才知道他大我兩屆，是我在中村國小和國中的學長。我們有好多共同的朋友。中村是個小地方，在居酒屋碰到的陌生人常常可能認識你認識的人，甚至是你的遠親。

左古先生在國中時代好像常常打架動粗，跟獨自默默畫漫畫的我完全沒有交集。然而過了這麼多年之後，不可思議的緣分讓我們一起合出一本關於家鄉的書。

我跟左古先生一聊起中村就沒完沒了。

「那家點心店我常去。」

「那裡的章魚燒很好吃。」

「春天挖土川七，秋天則是山藥。」

一邊流著鼻涕一邊到處玩耍的舊時街景一一浮現腦海。

《四萬十食堂》是自稱「被家鄉拋棄的人」的左古先生充滿對家鄉熱愛的一本書。我只是稍微幫了一點忙而已。

吹捧自己老家是很不討喜的一件事，無論哪個地區，都有只能在當地才吃得到的珍饈美饌，也都有各種好吃的食物。我不喜歡刻意宣傳這些，左古先生也一樣。正因為是真心愛家鄉，所以不想寫過於誇張的讚美啊。

因此，這本《四萬十食堂》可以說是收集了「不妨吃吃看這個。如何，好吃吧？」這種推薦的小書。

我一邊寫這篇文章，一邊偷偷在腦海中幻想：

《四萬十食堂》以四萬十觀光指南的定位不斷再版，某日，左古先生時隔許久回到中村省親，一踏上中村站月台的那一瞬間，彩球打開，「左古先生，歡迎回來」的彩帶落了下來，同時母校中村國中的銅管樂隊開始演奏，中村高中、幡多農業高中和大方高中的啦啦隊也隨之起舞。四萬十市長親自前來迎接，四萬十小姐給左古先生獻花，眾多市民揮舞著印著左古先生人像的小旗表示熱烈歡迎。

真想看看這一幕啊。

各位，就拜託你們啦。

深夜食堂系列 YY0356

四萬十食堂

四万十食堂

安倍夜郎、左古文男◎著
丁世佳◎譯

封面插畫　安倍夜郎
對談頁面攝影　左古文男
封面構成　三人制創
內頁排版　呂昀禾
責任編輯　詹修蘋
編輯協力　陳柏昌、王琦柔
行銷企畫　李倉緯
版權負責　陳柏昌、李佳翰
副總編輯　梁心愉
初版一刷　二〇一九年十一月四日
定價　新臺幣二六〇元

ThinKingDom 新経典文化

發行人　葉美瑤
出版　新經典圖文傳播有限公司
地址　10045 臺北市中正區重慶南路一段57號11樓之4
電話　02-2331-1830
傳真　02-2331-1831
讀者服務信箱　thinkingdomtw@gmail.com
FB粉絲團　新經典文化 ThinKingDom
總經銷　高寶書版集團
地址　臺北市內湖區洲子街88號3樓
電話　02-2799-2788
傳真　02-2799-0909
海外總經銷　時報文化出版企業股份有限公司
地址　桃園市龜山區萬壽路二段351號
電話　02-2306-6842
傳真　02-2304-9301

取材協力：
四萬十市觀光課／三原村商工會／宿毛市商工觀光課／宿毛商工會議所／一般社團法人 幡多廣域觀光協議會／一般社團法人 土佐清水市觀光協會／一般財團法人 高知縣地產外商公社／有限公司 SEIBU 印刷工房

SHIMANTO SHOKUDO

First published in Japan in 2014 by Futabasha Publishers Ltd., Tokyo.
Traditional Chinese translation rights arranged with Futabasha Publishers Ltd.
Through BARDON-Chinese Media Agency.

Printed in Taiwan

四萬十食堂 / 安倍夜郎 , 左古文男著 ; 丁世佳譯 . -- 初版 . -- 臺北市 : 新經典圖文傳播 , 2019.11
144 面 ;　14.8×21 公分 .
譯自 : 四万十食堂
ISBN 978-986-98015-4-6(平裝)

1. 飲食風俗 2. 日本

538.7831　　108017050